守墓笔记

光绪帝陵卷

徐鑫 著

中国国际广播出版社

序

我所知道的“守墓人”

——记徐鑫先生的精神家园

岳南

近日，得知好友徐鑫先生新作“守墓笔记”系列即将问世，为之高兴之余也颇为感慨，简单书写几句，以示读者。

我与徐鑫相识、相交已近二十载。那是1999年11月的一天夜晚，徐鑫在他的父亲，时任清东陵研究室主任、著名学者徐广源先生的陪伴下到北京看病，借此机会到我家做客。当时，我挽留父子二人促膝长谈，就共同的研究和写作体会进行交流。那时，徐鑫虽尚未开始写作，但言谈举止中已流露出对历史的无限挚爱和内在才华，让人有一种清新亮丽之感。于是，我鼓励他将单纯的爱好上升为研究层次并形成作品，以备出版奉献社会，徐鑫表示回去后潜心研究，争取早日拿出成果。

后来，在不断求医治病过程中，徐鑫以新时代清陵“守墓人”的身份，从故纸堆里研究并从现实生活中见证了那段历史，逐渐理解和发现了那些隐藏在红墙黄瓦里鲜为人知的秘密。于是，他用自己独特的视角和笔墨一层层地拨开历史迷雾，继承和书写了清陵这部砖、石、瓦、木写就的历史长卷。面对众多的“野史”“穿越”等作品和传说，徐鑫在正史和清宫档案的基础上，用浑厚、沉稳的笔触，以深入浅出、通俗易懂、冷静自然的叙述方式“驱邪斧正”，还清陵历史真面目。那份坚持、热情和执着，令人欣赏，更令人钦佩，日后取得的一连串成果也就顺理成章了。

我们所说或看到的坟墓或者陵墓，是指埋葬死者的地方，是人类社会发展和宗教信仰的必然产物，其根源在于灵魂观念和敬畏思想的产生。因此，坟墓是一种物质和非物质相结合的意识形态载体。

中国漫长的封建社会，作为社会最高主宰的皇帝，其陵墓是特有的标志等级贵贱的产物，是当时的政治、经济、文化的缩影和晴雨表，是统治阶级将皇陵风水与皇权紧密连在一起，并企图融入“事死如事生”“千秋万代繁昌不绝”等思想文化理念的综合体。在连绵不断的历史长河中，作为封建王朝权力顶端的帝王，往往在完成自己一代霸业或败业的同时，使用至高无上的皇权，营建自己死后居住的豪华居所，以便权力能从地上延续到地下，于是陵墓成为他们在另一个世界里的皇宫。因此，人世间的山水在另一个世界里也建立起了一座座封建帝王的“地府天堂”，也就是有些史书所称的“皇陵”。

中国历代帝王的皇陵，几乎遍布大江南北的青山绿野之中，不但占据了当时最好的湖光山色和绝佳的风水宝地，而且占地面积、建筑规模都很宏伟壮观。斗转星移，岁月流逝，帝王的陵墓渐渐成为极具特色的、清晰可见的鲜活历史，而建筑本身与陵墓中埋藏的文物，亦为当时政治、经济、文化的精华与缩影，是我们回顾和研究历史的最好现场与实物。

站在今天的角度，就文化和精神层面言之，中国皇陵所反映出来的内涵，除了封建帝王生活及制度的参照，亦是中华五千年灿烂文化和悠久历史的结晶，是中华民族丰富的古代物质文明与思想观念结合后繁衍出的历史文化精华，是沉睡在山水间的历史文献，是珍贵丰富的艺术博物馆，是留给子孙后代的无价的重要文化遗产，同时也是世界文明的重要组成部分。通过对这些历史遗迹的了解与深入研究，可以让我们真实地还原那些最具生命力的鲜活记忆，而这些丰厚、具体的年代记忆，为今天的人们“在史中求史识”“吸取历史的教训”（陈寅恪），具有不可替代的作用。

大清王朝已隐没于历史尘埃之中，但就历史阶段言之，又似乎在昨天刚刚退去，近三百年的政治文化、历史典故、轶闻趣事，似乎仍在眼前飘动。然而，历史毕竟还是历史，那些立于世间的清朝皇陵——关外三陵、清东陵和清西陵，普通百姓只看到庞大辉煌的外表，却很难知其地宫的状况和文物的价值与命运，只知其然而不知其所以然。清皇陵已在历史中沉睡，而在皇陵内沉睡的，不只是清朝帝、后、妃们的亡灵，更多的还有那些说不完、道不尽的清朝别样故事，如清朝皇陵陵墓的选址、修建、用料、陈设、祭祀、防护、管理等，皆有其丰富的历史内涵，可谓处处皆学问。

据我所知，目前国内研究清史者虽人数众多，也取得了较大成绩，但在清史研究的另外一块阵地——清皇陵研究领域里，取得瞩目成就的少数人中，徐鑫则是最值得关注的。

1973 年 1 月出生在京东名镇马兰峪的徐鑫，自幼在家庭、学校接受了严格的传统文化教育，兴趣十分广泛。读书、看报、摄影自不在话下，站在沙滩上看水流、倚在树下思考、坐在山坡上静静发呆等少年耍酷或装酷的事也干过一番……但据我所知，徐鑫最大的爱好还是历史，尤其是清朝历史，或许因为家乡的西面就是清东陵，或许因为祖上是守陵人，或许因为其父徐广源先生是研究清朝皇陵的专家。总之，徐鑫的成长与后来的成就，有很多一时说不尽的原因。因此，在他的生命中，清皇陵的一草一木、一砖一石都是无价之宝，都含有丰富的历史信息，都是有生命的活文物，是人与亡灵交流的场所，是一部记载人类文明发展史不可或缺的宝库。

1993 年 8 月 11 日，中学毕业不久的徐鑫到清东陵当了一名看守皇陵的警卫，自此他的命运就与清朝皇陵联系在了一起。

那个时候，虽然清东陵还未申报世界文化遗产，但早已是闻名天下的国家级文物保护单位。由于工作在第一线，皇陵保护工作十分严格而且条件艰苦，堪比清朝时期的八旗兵。

一是上班时间长。每天 24 小时分为三班，每班次 8 小时，没有节假日。那些不开放的陵寝，只设置一名或两名警卫人员，每 24 小时换一次班或一人终日看守，不分昼夜。

二是路途比较远。因为工作的特殊性，无论春夏秋冬，不管天气情况，都要坚持骑自行车到岗。虽说马兰峪在清东陵的东侧，但实际到上班的陵寝也有十多里的路程。白天上班还好，主要是夜里，路窄、草茂、沟深，一手骑车一手持手电筒照着路面，冬天的路面特别滑，稍不小心就会掉进路边的深水沟里。到岗位的时候，身上也会被浸湿，没有干燥的衣服可换，只能靠体温烘干。夜间的陵区，冬季是寒冷的风吼，夏季是马槽沟内的蛙声一片，气候环境非常潮湿。守陵的工作是异常孤独、寂寞的。由于人员少，不能常在值班房里休息，更不能睡觉，只能站在最明显的宫门口或陵寝内，不停地用手电筒打量四周动静。而且，越是天气不好的时候，如下雨、雷闪、下雪、刮风等恶劣天气，作为守陵人就要到陵内外勤转、勤看、勤听，以防有人盗窃或者恶劣天气造成陵寝发生火灾和损坏。

三是颇具危险性。上岗人员除了一个手电筒外，就是赤手空拳，没有任何警戒工具。陵寝之间相隔较远，与村庄民居也相距甚远。一旦出现偷盗、抢劫事件，对方是有备而来，可能带有作案工具和凶器，看守陵寝的人连呼救的可能都没有，因为发现对方的时候危险已经到了身边。在全力以赴地打斗过程中，也根本没有时间和精力呼救，更不要说有时间打内部电话报警了。因此，除了全神贯注地巡视，以便提早发现可疑和危险情况外，只能默默祈祷平安。

在清东陵干着守陵这样的苦工作，也正是徐鑫任劳任怨负责的工作，他看守的皇陵没有发生过火灾和盗抢。然而，作为刚出校门的学生，无论体质还是工作经验，徐鑫都没有比那些年长的同事们有更多的窍门，自然受罪是最多的，以至于落下腿怕冷、无力及常年疼痛的毛病。对此，徐鑫曾多次想打退堂鼓，但最终还是坚持了下来。按他的说法，自己是满族人，是守陵人的后裔，对清朝历史有着执着的、痴迷的、深厚的感情。

徐鑫认为，清陵文化的继承和研究更重要。因此在看守皇陵之余，他更注重研究和弘扬清陵文化，于是将业余时间和精力放在清宫档案的查阅及实地调查上，潜心研究清陵文化二十余年，凭借着扎实的基本功、严谨负责的态度，先后出版了被业内称为“良心书”的《铁腕女人：清东陵慈禧陵劫难之谜》《香妃迷案》《大清皇陵私家相册》等二十余部专著，发现并解决了很多清陵研究领域的空白，并在此基础上创作了“守墓笔记”系列作品。

该系列作品以正史、清宫档案为基础，结合当今史学最新研究成果，将实地调查和历史文献记载有机地比对、结合，以朴实无华的文字辅以图片方式，深入浅出地介绍了清朝的永陵、福陵、昭陵、清东陵、清西陵等皇陵的风水、建筑规制、陵寝特点、陵寝祭祀、陵寝管理和保护、陵寝被盗和清理等内容，以全新的形式向世人解读了大清皇陵这部看得见、摸得着的“大清历史档案”。作为一部缩写的清朝历史，清朝皇陵就像一面多棱的镜子，不同角度折射着清王朝曾经的发展、辉煌和衰落。书是本本精彩，历史是代代沉重。

概而言之，整个大清王朝共建有十二座皇陵，每一座皇陵又都是一个王朝历史的缩写；走过每一座皇陵，都是穿越了一部历史年轮。因此，清朝皇陵是清王朝兴衰发展的影子，是一部记载社会和国家的大百科全书；它将天、地、人与龙、沙、穴、水等有机融为一体，成为一部传承中国风水学的堪舆宝典；它将各部门、管理、保护机构高效组织在一起协同工作，因此又是一部现代管理学；又由于清朝皇陵需要科学规划建筑布局和建筑规制，它还是一部古代建筑学。清朝皇陵建筑不仅美轮美奂，它们的所在地也都是风水极佳的梦幻之地，山形地貌在符合风水标准的完美与吉祥的同时，也最大限度地融入了崇高的、永恒的人文精神。假如读者是位有心人，一定会从“守墓笔记”系列中获益匪浅，尤其在精神上得到与现实观感不一样的快乐。

从历史发展角度来说，无论是在工作中的履行职责，还是在工作之外的坚守，徐鑫已经不再是普普通通的“守墓人”，而是名副其实的“清陵文化的守护者和传承人”，其更多的贡献还是体现在陵墓文化的继承和弘扬。

希望徐鑫不忘初心，在清陵文化探索研究和传承弘扬的道路上继续努力，为社会奉献更多精彩的作品。

2017 年 9 月于北京

岳南，山东诸城人，1962 年生，毕业于解放军艺术学院文学系、北京师范大学鲁迅文学院研究生班。历任宣传干事、编辑、记者、台湾清华大学驻校作家等。著有《风雪定陵》《复活的军团：秦始皇兵马俑发现记》等考古纪实文学作品十二部，有英、日、韩、法、德文版，海外发行达百万余册。另有《陈寅恪与傅斯年》《大学与大师：清华校长梅贻琦传》等系列作品十余部，其《南渡北归》三部曲出版后在海内外引起巨大轰动。

前言

历史，总是呈现出潮起潮落的趋势。当时光走到某一拐点时，历史便会展现出它虚幻无常、岁月蹉跎的一面。公元 1875 年，大清国来到了光绪朝，两百多年的大清建陵史出现了历史的拐点，这就是光绪帝的崇陵。清朝在历史上共有十二位皇帝，除了末代皇帝宣统帝外，其余十一位皇帝均建有陵寝，最后一座便是光绪帝的崇陵。

光绪帝，清德宗景皇帝，姓爱新觉罗，名载湉，清文宗咸丰帝的继子。他 4 岁登基，38 岁死去，在位 34 年，当皇帝时间之长在清朝仅次于康熙帝和乾隆帝而名列第三位。

虽然在位时间较长，但他生不逢时；虽贵为皇帝，却命运不济。由于特殊的身份和时局，面对大清国这艘逐渐沉没的巨舰，尽管他为之努力、奋斗，乃至拼搏，但他面对的不仅是日薄西山、气息奄奄的政局，还有一位控制其一生命运的人物，这就是大清国历史上最专横跋扈的女强人——慈禧，注定了他的失败命运和悲惨人生，最终与慈禧成了生死冤家。

纵观光绪帝的一生，用“可怜”“可叹”“可悲”来评价，毫不为过。

光绪帝的生父是醇郡王奕譞（后来晋升为醇亲王）。他生在醇郡王府，按理说可以过着锦衣玉食的生活，但由于生母是慈禧的亲妹妹，他意外地当上了皇帝。年仅 4 岁就离开了父母，进入了皇宫，从此改变了一生的命运，这是他的“可怜”。

按理说，皇宫可谓人间的天堂，富贵荣华，天下第一，当皇帝在历朝历代是多少人梦寐以求的事情。可这一切对于年幼的光绪帝来说，却是进了虎穴狼窝，有如人间地狱。本来皇宫中除了清规戒律几乎没有人情味，加上他进入皇宫是给咸丰帝当继子，也是慈禧的继子。对待亲生儿子都如狼似虎管教极严的慈禧，管教自己的继子兼外甥就更是“关心呵护”有加。好不容易熬到了大婚，按清朝规定，皇帝大婚表示已是成年人，皇帝就应该亲理朝政了。在这种情况下，慈禧不得不归政给光绪帝。但她为了继续监督、控制光绪帝，将自己的亲侄女嫁给光绪帝当了皇后，夫妻感情并不和睦。更糟糕的是，光绪帝唯一情投意合的珍妃，屡屡遭到慈禧的打击，最后竟被慈禧害死在井中。家庭没有好的环境也就罢了，在朝政大事上，慈禧不仅时时监督，还处处插手过问，最后干脆软禁了光绪帝，慈禧再次抛头露面，垂帘听政。正因为处处都受限制、遭干预，光绪帝由傀儡皇帝变成了囚徒皇帝，还失去了最宠爱的珍妃，这是他的“可叹”。

本来光绪帝的人生已降到了最低点，一切都只能等到慈禧驾鹤西归后他才有出头之日，才有望东山再起。然而，他的囚徒生活最终以死亡为结束，竟然死在了慈禧的前一天，并且还落了个“死因成谜”的结局，这是他的“可悲”。

不仅如此，光绪帝的“可怜”“可叹”“可悲”还体现在他的身后事上。

首先，按清朝定制，新皇帝即位后就应该选择万年吉地营建陵寝。可是光绪帝当了 34 年的皇帝，生前竟然没有选好陵址营建陵寝，这算得上“可怜”。

其次，光绪帝死后朝廷才开始为他相度万年吉地，可是陵址的土质并不理想，地下沙、石、水很多，并且在陵寝的营建过程中大清国就灭亡了，导致他的陵寝工程受到了挫折，最后根据优待清室八条，才由民国政府来负责营建完成。这种情况在大清国是唯一的特例，又是一件“可叹”之事。

最后，光绪帝的陵寝好不容易建好了，他的皇后也死了，生前同床异梦的夫妻最终能同葬在一座地宫内，共同生活在另一个世界，也算是一个令人欣慰的结果。可令人意想不到的是，他的陵寝地宫被盗掘，棺椁被毁坏，遗体被拉出棺外，情景十分凄惨，这更体现了他的“可悲”。

虽然光绪帝的崇陵是按照同治帝的惠陵规制营建的，但并非完全照抄照搬，也有自己的建筑特点：比如方城明楼前的石五供，五件祭器中除了香炉，其他四件祭器均为方形；崇陵哑巴院的转向礓道比惠陵的转向磴道多了一道女儿墙。

1980 年 6 月，在清理崇陵地宫时，不仅发现了很多有价值的文物，还为解开光绪帝的死亡之谜打开了一种新的途径——科学化验遗骨。

由于光绪帝只有两位妃子，因此他的妃园寝只葬有两人，是清朝入葬人数最少的妃园寝。但这并没有影响妃园寝被盗，并由此演绎出一部电影——《夜盗珍妃墓》。由于历史的误传，竟将被盗的瑾妃地宫当成了珍妃地宫。这种误解经过陵寝研究者多年的研究才得以纠正。

陵墓是死者的最后归宿，凡是能被称为“陵墓”的，其墓主人的身份是非常尊贵的，他们都与皇家有着千丝万缕的联系，不是金枝玉叶，就是皇亲国戚，他们的墓地具有一定的历史价值和文物价值。

我们研究陵寝的目的，一来是研究陵寝制度和建筑艺术，继承和传递中国古代政治文明、建筑文明；二来是研究那个时代的人和历史事件，最大程度地还原历史真相，弥补历史空白和纠正错误的历史信息。

对于光绪帝的崇陵而言，我们不仅发现了它与其他清陵的相同点和不同点，还因为清理地宫解开了光绪帝的死亡之谜，并通过对妃园寝的实地调查和查阅档案，纠正了社会上误传的“夜盗珍妃墓”事件。这就说明了我们的研究卓有成效，这也是我们历史工作者的责任和担当。

目录

引　子

光绪帝继位之谜

同治十三年十二月初五日（1874 年 1 月 12 日），同治帝载淳病死在紫禁城养心殿东暖阁，年仅 19 岁。

国不可一日无君，皇帝死了，新皇帝就应该立刻即位。可是同治帝没有儿子，这事该怎么办呢？大清统治者必须迅速做出决断，才能保证龙脉和国运的延续、政局的稳定。

孝钦显皇后（慈禧）像

据《德宗景皇帝实录》记载，同治帝死后，两宫皇太后慈安和慈禧坐在养心殿西暖阁，召集惇亲王奕誴、恭亲王奕䜣、醇亲王奕譞、孚郡王奕譓、惠郡王奕详，贝勒载治、载澂，公奕谟，御前大臣伯彦讷谟祜、奕劻、景寿，军机大臣宝鋆、沈桂芬、李鸿藻，总管内务府大臣英桂、崇纶、魁龄、荣禄、明善、贵宝、文锡，弘德殿行走徐桐、翁同龢、王庆祺，南书房行走黄钰、潘祖荫、孙诒经、徐郙、张家骧等入宫，宣布皇位继承人懿旨：

醇亲王奕譞之子，著承继文宗显皇帝为子，入承大统为嗣皇帝。

同治帝朝服像

皇帝没有儿子来继承皇位，这可是大清国建立以来第一次遇到的难题。但不管难题有多大，都必须解决。按照中国传统，一个男人没有子女，可以领养别人的子女当继子女。由此，同治帝也可以有继子，由继子入承大统当皇帝。作为接受过中国传统儒家文化教育的两宫皇太后心里自然明白这个道理，于是她们决定按照这个办法立嗣，但不是给同治帝立嗣。对此，懿旨是这么解释的：

> 皇帝龙驭上宾，未有储贰，不得已以醇亲王奕譞之子承继文宗显皇帝为子，入承大统为嗣皇帝。俟嗣皇帝生有皇子，即承继大行皇帝为嗣。

懿旨意思是说，（同治）皇帝死了，由于没有儿子，不得已令奕譞之子为咸丰帝的继子继位为皇帝。等嗣皇帝生有皇子，再过继给同治帝当继子。

光绪帝的父亲醇亲王奕譞和母亲叶赫那拉氏

慈禧的这道懿旨，似乎有理有据，合情合理，无可指责，但明眼人一眼就看出了其中的破绽，这道懿旨包藏了慈禧的私心、私情和假意。

破绽一，看似慈禧给咸丰帝立嗣的原因是咸丰帝只有一个儿子，于是将他七弟奕譞的儿子过继给他当继子，入承大统当皇帝，延续了咸丰帝的血脉。其实这是慈禧为了不丧失皇权所为之，因为按理说同治帝没有儿子，应该给他而不是给咸丰帝立嗣。可是如果给同治帝立嗣，本已经是皇太后的慈禧将尊升为太皇太后，同治帝的皇后则被尊为皇太后。如果这样，朝中大权将旁落到同治帝的皇后手中，慈禧就不便再垂帘听政，继续治理和干预朝政了。只有给咸丰帝立嗣，她才能继续当皇太后，也就能继续垂帘听政，掌握朝政大权，这就是慈禧的私心。

破绽二，看似慈禧为咸丰帝所立子嗣是其七弟奕譞之子，这样在辈分上没有乱了尊卑，于情于理都说得通。而且载湉与载淳既是堂兄弟，也是表兄弟，血缘关系无论是父辈还是母辈都很近。但慈禧之所以安排咸丰帝七弟奕譞之子载湉为咸丰帝继子，其根本原因在于载湉的生母是慈禧的亲妹妹。也就是说，慈禧将自己的亲外甥抱来做皇帝，这样就是亲上加亲，在感情和行动上能更好地监督皇帝。“一石二鸟”的亲情设计，这就是慈禧的私情。

破绽三，不给同治帝立嗣，而给咸丰帝立嗣，同治帝只能等嗣皇帝有子再立嗣。对此，清朝官方档案记载中却没有解释为什么不优先考虑给同治帝立嗣。因为没有合适的理由解释，于是干脆不解释。面对这样霸道的皇太后，王公大臣既不敢言，更不敢怒。因此，当一位朝廷小官——吴可读为了直言，只能尸谏（“惟有仰乞我两宫皇太后，再行明白降一谕旨，将来大统，仍归承继大行皇帝嗣子”）时，慈禧又虚情假意地做了一番姿态，并未更正错误，依旧我行我素，并再次强调：“前于同治十三年十二月初五日降旨，俟嗣皇帝生有皇子，即承继大行皇帝为嗣。此次吴可读所奏，前降旨时即是此意。”其实，吴可读的意思是说，将来嗣皇帝生子给同治帝当继子，也要明确说一下，同治帝的继子也必须当皇帝。而慈禧并未直接回答这个问题，这就是慈禧的奸狡之处。为了自己继续掌权，她都不顾及亲儿子这支血脉是否能当皇帝了，以至于清朝的皇帝辈分在这里停顿了一下，扭转了大清皇帝“父传子辈”这一规则，在同治朝变为“兄终弟及”。因此，同治帝的子侄“溥”字辈的人当皇帝只能等下一回了，这就是慈禧的假意。

为什么这样评价慈禧的这道懿旨呢?

首先，作为经历此事的翁同龢在《翁同龢日记》上有如下记载：

> 初五日：……酉刻，崩逝。戌刻，摘缨青褂。太后召诸臣入，谕云：“此后垂帘如何？”枢臣中有言“宗社为重，请择贤而立”，然后恳乞垂帘。谕曰：“文宗无次子，今遭此变，若承嗣年长者实不愿，须幼者乃可教育。现在一语即定，我二人同一心，汝等敬听。”则即宣曰：“某。”

按照翁同龢的记载，慈禧很露骨地询问今后自己还打算继续垂帘听政一事如何，立刻就有人提醒慈禧应以国家为重，选择贤者继承皇位。但慈禧依然霸道地说，咸丰帝没有次子，要是过继一个年龄大的

翁同龢像

孩子自己不愿意，只能过继一个年幼的小孩，还方便教育。而且这是她和慈安皇太后的共同想法，就这样定了。于是就宣布了“某”为嗣皇帝人选。其中的“某”即指“载湉”。本来，醇亲王奕譞的嫡福晋叶赫那拉氏（即慈禧的亲妹妹）生育了四子一女，其中，长子载瀚生于同治四年（1865 年）正月初六日辰时，死于同治五年（1866 年）十一月初三日未时，年两岁；次子载湉，生于同治十年六月二十八日（1871 年 8 月 14 日）；三子未命名，生于光绪元年（1875 年）正月初八日子时，死于初九日午时，仅活两天；四子载洸，生于光绪六年（1880 年）十月二十六日酉时，死于光绪十年（1884 年）四月二十四日申时，年五岁。由于奕譞的长子早殇，本为次子的载湉实为长子。在《德宗景皇帝实录》上记载时，改写“载湉”二字处为两个空格，以此避讳。

从《翁同龢日记》记载可知，慈禧不给同治帝立嗣而为咸丰帝立嗣，是早有预谋的，因为她想继续垂帘听政，掌管朝廷大权。而之所

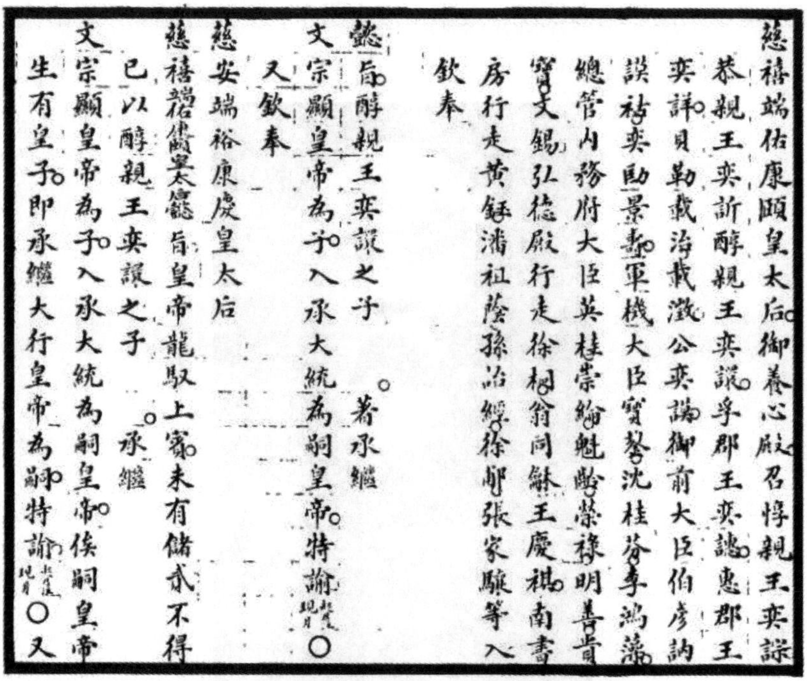
慈禧端佑康頤皇太后。御養心殿召惇親王奕誴
恭親王奕訢、醇親王奕譞、孚郡王奕譓、惠郡王
奕詳、貝勒載治、載澂、公奕謨、御前大臣伯彥訥
謨祜、奕劻、景壽、軍機大臣寶鋆、沈桂芬、李鴻藻
總管內務府大臣英桂、崇綸、魁齡、榮祿、明善、貴
寶、文錫、弘德殿行走徐桐、翁同龢、王慶祺、南書
房行走黃鈺、潘祖蔭、孫詒經、徐郙、張家驤等入
欽奉
懿旨。醇親王奕譞之子　　着承繼
文宗顯皇帝為子。入承大統。為嗣皇帝。特諭。○
又欽奉
慈安端裕康慶皇太后
慈禧端佑康頤皇太后懿旨。皇帝龍馭上賓。未有儲貳。不得
已以醇親王奕譞之子　　承繼
文宗顯皇帝為子。入承大統。為嗣皇帝。俟嗣皇帝
生有皇子。即承繼大行皇帝為嗣。特諭。○又

《德宗景皇帝实录》上关于光绪帝载湉入承嗣皇帝的记载，
其中“载湉”二字处为两个空格

以立醇亲王奕譞之子载湉，那也是有预谋的，安排自己的亲属便于拉拢和管教。由于慈禧是皇太后，掌管着朝中大权，没人敢违背她的意愿，因此她说的话就是一言九鼎的“圣旨”，别人是不能有任何质疑和反对的，哪怕说得“驴唇不对马嘴”，没有一点道理，也只能将错就错，当作正确的理解和对待。

由于这是属于国家机密的大事，出于回避的原则，翁同龢对此记载有所取舍。

为了对这段历史有所补充，很多人都参考并使用《德宗承统私记》的一些记载。清代人罗惇曧在《德宗承统私记》中记载：

> 同治十三年十二月，穆宗大渐。两宫皇太后御养心殿西暖阁，召惇亲王奕䜣、恭亲王奕訢、醇亲王奕譞、孚郡王奕譓、惠郡王奕详等人。孝钦后泣语诸王曰：“帝疾不可为，继统未定，谁其可者？”或言：“溥伦长当立。”惇亲王言：“溥伦疏属，不可。”后曰：“溥字辈无当立者，奕譞长子今四岁矣，且至亲，予欲使之继统。”盖醇亲王嫡福晋，孝钦后妹也，孝钦利幼君可专政。倘为穆宗立后，则己为太皇太后，虽尊而疏，故欲以内亲立德宗也。诸王皆愕，不知所对。醇亲王大惊哭失声，伏地晕绝。恭亲王奕訢叱之，令内侍扶出。诸王不敢抗后旨，议遂定。是日，穆宗崩。帝入居宫中，遂即位，用两宫太后旨：“皇帝龙驭上宾，未有储贰，不得已以醇亲王奕譞之子载湉承继文宗显皇帝为子，入承大统，为嗣皇帝。俟嗣皇帝生有皇嗣，即承继大行皇帝为嗣。”改元“光绪”。

这段记载是说，同治帝临死前，慈禧就召集王公大臣等进宫，哭泣着说：“皇帝的病无法治疗了，皇位由谁继承的事还没有定，谁来继承？”于是有人提议立年长的溥伦，但遭到惇亲王奕䜣的反对，理由是溥伦与同治帝这支血脉较远。慈禧借机说：“溥字辈的人没有当立者，奕譞长子 4 岁，且与皇帝这支血脉很近，应该当皇帝。”奕譞的嫡福晋是慈禧的妹妹，慈禧立幼子当皇帝可以继续执政。若为同治帝立嗣，慈禧则为太皇太后，虽然尊荣但没有权力，故此立自己的亲外甥为新皇帝。在场王公大臣听此话都吃惊不小，不知道如何回答。醇亲王奕譞听到要立自己的儿子当皇帝，大惊，昏倒在地，恭亲王奕䜣令侍卫搀扶他出去。王公大臣不敢违背慈禧的意愿，于是事情就这么定了下来。当天，同治帝死了，新皇帝进宫即位。皇太后懿旨说："同治帝没有儿子，不得不令醇亲王之子给咸丰帝当继子，继承皇位，等新皇帝有儿子后再给同治帝当继子"，改元"光绪"。

以上这段私人记载，无论与清朝官方记载还是翁同龢记载相比较，都有一个细节上的出入，即慈禧到底是在同治帝死之前还是死之后召见王公大臣确定皇位继承人的。

按照常理说，当看到皇帝病入膏肓、必死无疑之后，首先要考虑皇位继承问题，必然要召集王公大臣进宫商议此事，以便皇帝死后新皇帝立刻即位。但这与《德宗景皇帝实录》和《翁同龢日记》记载不一致，因为它们记载的却是同治帝死之后才召集王公大臣入皇宫商议此事的。

从细节处往往能看出事情是否真实。但就光绪帝入宫即位这件事情来说，由于没有其他更多可以参考的史料，而这段记载在慈禧与王公大臣对话情节上的描述不仅很详细，很符合慈禧的为人做事风格，还符合现代人对慈禧的研究结论，并且事情的大体过程也与其他记载相同。因此将它与翁同龢记载互相参考，一起使用，还是很有价值的。

对于慈禧为什么否定溥伦继位，基于中国宗法传统观念来说，还是有一定道理的。其原因如下：

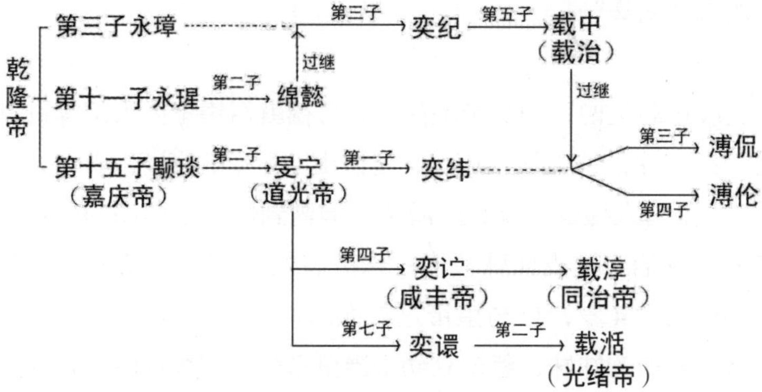

同治帝与光绪帝血脉关系（制表：徐鑫）

为了保证血统关系，立嗣原则如下：择胞兄弟之子为嗣；次兄弟之子次之。由于同治帝无胞兄弟，按照这个立嗣原则，同治帝选择嗣子只能遵照第二条——在叔伯兄弟的儿子中选择。同治帝是“载”字辈，他的下一代是“溥”字辈。同治帝的堂兄弟子女中的“溥”字辈，与同治帝关系最近的只有载治的儿子溥侃、溥伦。溥侃6岁，生于同治八年（1869年）；溥伦刚满月，生于同治十三年（1874年）冬。载治是道光帝长子奕纬的儿子，但实际上奕纬生前无子，载治是他死后的继子。原本载治叫“载中”，为了不让奕纬绝嗣，咸丰帝于咸丰四年（1854年）十二月令载中过继给奕纬当继子，为了表明是近支宗室，并特意改名“载治”。因为道光帝的孙辈名字第二字都是“氵”偏旁。但不管怎么在名字上改动，毕竟载治在血统上不是近支皇族人。因此，将载治的儿子立为同治帝子嗣，道光帝的儿子奕誴、奕䜣、奕譞等就无法接受，道光帝的儿媳妇——两宫皇太后也是无法接受的。

面对这种尴尬，慈禧巧妙的将为“立君”改为“立嗣”，即立谁为嗣，谁就为新君。于是，既然为同治帝立嗣无合适人选，那就为咸丰帝立嗣。这样可选择的范围就扩大了很多，只要是咸丰帝的亲侄子比如恭亲王奕䜣、醇亲王奕譞等人的儿子，都有可能当皇帝。更重要的是，“立君”是国事，“立嗣”为家事，既然是家事，外人还是少参与的好。又因为奕䜣能力过人，太过机敏，有时会与慈禧有冲突，因此他的儿子自然不会在考虑范围内。而奕譞为人老实本分，又是自己的亲妹夫，便于控制。慈禧就是利用这个“巧妙”，最终达到了自己的目的，既延续了道光帝以来的皇家血脉，也维护了清朝“父死子承”的皇帝体系，还保持了自己的已有权力。因此将自己的亲外甥载湉立为咸丰帝的继子，也就是自己的继子，继位为嗣皇帝，自己还能继续垂帘听政，这也是慈禧利用规则和矛盾的高明之处。

既然嗣皇帝已经确定，那么下一步就是迎接嗣皇帝进宫。

同治十三年（1874年）十二月初六日寅时，嗣皇帝由宣武门太平湖畔醇王府[①]乘坐暖舆前往皇宫，进午门、乾清门，到养心殿给两宫

① 醇王府又称“醇亲王府南府”，即今中央音乐学院和北京三十四中的地址。由于载湉做了皇帝，按照雍亲王府后升雍和宫例，改为“醇亲王祠”。醇亲王等又迁往什刹海北岸的一处贝子府邸，于是称“醇亲王府北府”，即今宋庆龄故居纪念馆。

当时载湉刚 4 岁，还什么都不懂，对皇家的规矩礼法更是一窍不通，说他“拍胸顿足痛哭，极为悲痛”等只不过是后来纂写《德宗景皇帝实录》的文臣们的粉饰和溢美之词而已。

既然载湉已经当上了皇帝，皇帝的名字就要避讳。关于新皇帝名字如何避讳，道光二十六年（1846 年）三月道光帝的一道谕旨是这么规定的：

> 以二名不偏讳，将来继体承绪者，上一字仍旧，毋庸改避，亦毋庸缺笔；其下一字，应如何缺笔之处，临时酌定。以是著为令典。

按照这个规定，嗣皇帝的名字避讳问题很快得到了解决：

> 将御名上一字，仍旧书写，毋庸改避；下一字著缺写末一笔，书作“湉”字（笔者注：“口”字的最后一笔不写），以示改避之意。其奉旨以前所刻书籍，俱毋庸议。

本来，自己的儿子当上皇帝，尽管是以咸丰帝继子的身份当上的皇帝，但毕竟是自己的亲骨肉，作为亲生父亲的醇亲王奕譞应该高兴才是。可是奕譞当听说自己的儿子忽然当上皇帝，竟然吓得昏迷，不知所然。《翁同龢日记》对此有如下记载：

> 维时醇郡王[①]惊遽敬惟碰头痛哭，昏迷伏地，掖之不能起。

为什么奕譞会被儿子当上皇帝这样天大的好事吓得又是“碰头”又是“昏迷”呢？因为在他看来，儿子当皇帝并非是好事，因为他儿子的母亲改为慈禧这个女人了。作为自己妻姐的慈禧，他对她的性格和为人了解太深了，八大臣的下场、同治帝的遭遇，个个都没有好的结果。因此，他儿子这次当皇帝，不仅仅是骨肉分离，更多的是前

① 这里的“醇郡王”指的是醇亲王奕譞。道光三十年（1850 年）正月十七日，奕譞封为醇郡王。同治三年（1864 年）七月初一日，醇郡王著赏给亲王衔，称“醇亲王”。

景堪忧，生死未卜。对此，他也没有办法。作为皇帝的生父，为了明哲保身，他想出了一个办法，那就是不接受儿子当上皇帝给自己带来的好处，急流勇退，离开朝堂这个政治圈，隐居闹市，默默生活。对此，《清史稿·列传八》上记载了奕𫍽写给两宫皇太后这样的一段话：

> 臣侍从大行皇帝十有三年，昊天不吊，龙驭上宾。仰瞻遗容，五内崩裂。忽蒙懿旨下降，择定嗣皇帝，仓猝昏迷，罔知所措。独犯旧有肝疾，委顿成废。惟有哀恳矜全，许乞骸骨，为天地容一虚糜爵位之人，为宣宗成皇帝留一庸钝无才之子。

这段话的大意是说，同治帝的驾崩及嗣皇帝的选定，都太出乎他的意料，悲痛欲绝和震惊刺激了他，以至于他旧病复发，无法治愈，已经成了废人，请求皇太后允许他延缓余下的生命，甘当一个只拿工资不干工作的退休闲人。

皇太后对奕𫍽的答复倒也很爽快，撤去了他的一切职务，只令他照料菩陀峪万年吉地工程，又赏给亲王世袭罔替的待遇，即不再是每承袭一次就降一级，子子孙孙永远都是亲王，民间对这种待遇称之为"铁帽子王"。然而，出于保命，出于安稳，奕𫍽仍然坚决不肯接受，再次"恳辞世袭罔替亲王"。

同治十三年（1874年）十二月十四日，两宫皇太后对于奕𫍽的再次请辞做出了如下答复：

> 览奏具见悃忱，昨以该王公忠体国，懋著贤劳，特沛恩施，用示优异。该王惟当恪遵前旨，毋庸固辞。据奏："现在旧疾未痊"，著再赏假一个月，安心调理。并准如所请，于百日后释服。

奕𫍽的请辞并没有被批准，只是将他的所谓"旧疾未痊"延长一个月病假，并批准他在"百日后释服"。

光绪帝朝服像

太和殿宝座

十二月初九日，大臣们为嗣皇帝拟了“光绪、承熙、绍德、延道”四个备选年号，每个备选年号旁还附上了满文字样。两宫皇太后用硃笔在“光绪”二字上面画了一个小圈，表示选用此年号，定嗣皇帝的年号为“光绪”，有“继承光大咸丰帝统绪”的意思。

光绪元年（1875 年）正月二十日，嗣皇帝在紫禁城太和殿举行了登基大典，载湉正式即位，是为光绪帝。自此，大清国进入了光绪朝时代。

第一章

苦命天子的一生

本来，不是皇子的载湉童年时生活在父母身边还算是快乐的，但是由于慈禧的一纸命令，载湉的身份由王子演变成皇子，继而为嗣皇帝后，成为慈禧的儿子，铸就了终身为傀儡的命运。至尊的身份改变了他的童年、青年和中年，最后落了个死因不明不白。

一、如此的童年

载湉离开父母进入皇宫，以咸丰帝继子的身份当了皇帝，由于身份的改变，受制度和环境的影响，他的生活从此发生了许多改变。

首先，失去了父母的疼爱。年仅 4 岁的孩子，正是享受父母疼爱的年龄。然而他却有家不能回，有父母不能见，成为别人的儿子。载湉自幼缺少亲情，没有母爱。

其次，在生活上发生了彻底改变。原本生活在自己父母身边，生活起居受到父母的照顾。进入皇宫后，虽然两宫皇太后是他的继母，但实际上照顾他生活的却是宫中的太监。作为人性扭曲的太监，他们对于载湉的侍奉仅仅是出于“应付差事”，根本不会尽心尽力地照顾。据梁启超《戊戌政变》记载的太监寇连材回忆，载湉在生活饮食上根本吃不好，饭菜不是无法吃就是“久熟干冷不能可口”。又据《翁同龢日记》记载，载湉的服装有时也不会按季节及时更换；有时候生病，也得不到及时有效的治疗。生活在皇宫中的载湉，真正是生活在只有后妈的日子里，倒霉透顶了。

最后，精神上的压抑。进入皇宫后，除了生活上的苦难，还有来自慈禧的淫威。

清末四名太监，右起：张海亭（长春宫太监）、刘兴桥（养心殿御前太监，七品补服）、王凤池（养心殿东夹道二带班，六品补服）、杨子真（养心殿御前太监）

由于载湉是咸丰帝的继子，因此慈禧这个大姨成了他的养母，本来应该管慈禧叫“额娘”，但慈禧却要求他称“亲爸爸”，以此表明慈禧在男权社会中的地位、尊荣和威严。相反，载湉称呼自己父母却只能直呼其名、爵位和封号。

载湉进入皇宫除了当别人的继子，还有一个最重要的职务，那就是当皇帝。而他这个所谓皇帝，其实就是傀儡，每日例行公事地坐在养心殿东暖阁宝座上，身后悬挂着一面半透明的黄纱帘，两宫皇太后坐在后面。面前虽然跪着王公大臣，但与之对答者却是皇太后，与小皇帝无关。但还必须端坐，不能乱动。如果不稳坐宝座，就要受到处罚，罚跪或不允许吃饭。对于好动贪玩的男孩子来说，这是一件很痛苦的事情。

而慈禧为了树立自己的权威，做了不少折磨幼小孩童精神的事情。但不管怎么说，在名义上载湉也是皇帝，只是尚在幼年。因此，

养心殿东暖阁垂帘听政处

尽管他是大清建国以来第一位非皇帝直系血统的继子皇帝，但也需要接受皇家的帝王教育，这也是慈禧最希望看到的。当初慈禧立载湉为继子当皇帝，看重的就是他尚在幼年，易于管教，容易跟她一心，她还可以趁着皇帝年幼继续垂帘听政。现在，既然载湉入宫当上皇帝，她的目的已经达到，那么她该做的就是如何让这个年幼的皇帝接受课业上的教育。对于这个问题，慈禧胸有成竹，早有安排。

光绪元年十二月十二日（1876 年 1 月 8 日），皇太后懿旨：

皇帝冲龄践阼，亟宜乘时典学，日就月将，以裕养正之功而端出治之本。著钦天监于明年四月内选择吉期，皇帝在毓庆宫入学读书。著派署侍郎内阁学士翁同龢、侍郎夏同善授皇帝读，其各朝夕纳诲，尽心讲贯，用收启沃之效。皇帝读书课程及毓庆宫一切事宜，著醇亲王妥为照料。至国语清文，系我朝根本，皇帝应行肄习。蒙古语言文字及骑射等事，亦应兼肄，著派御前大臣随时教习，并著醇亲王一体照料。

慈禧在这道懿旨中将光绪帝的上学时间定在明年的四月内，读书地点设在毓庆宫，并令翁同龢与兵部左侍郎夏同善在毓庆宫教授光绪帝读书，读书内容包括满文、汉文、蒙古文及骑射。光绪帝读书课程及毓庆宫事宜由醇亲王奕譞负责。

十二月十五日，根据钦天监选择的吉期，两宫皇太后决定：明年四月二十一日，光绪帝入学读书。

奕䜣像

光绪二年（1876 年）二月二十一日，6 岁的光绪帝载湉在养心殿东暖阁上学了，这是他启蒙读书的第一天。这一天，恭亲王奕䜣、贝勒伯彦讷谟祜、额驸景寿都到现场参加光绪帝的读书开课仪式，作为皇帝老师的翁同龢、夏同善也都在场。光绪帝面南而坐，面前摆放着一张低矮的桌子，桌子上铺着纸张、摆放着笔墨。行完师生礼后，翁同龢先书写“天下太平”四字，然后又书写“光明正大”四字，字体遒劲刚毅。然后，翁同龢手把手地教光绪帝在红格子纸上临摹写字。写完四字后，额驸景寿写了一个满文字，教授光绪帝。光绪帝光看后就发了一个“阿”声，这是满文的第一个字的发音。众人见此，都很惊喜，赞叹光绪帝的聪明。教完满文后，翁同龢取出事先预备好的“帝、德”二字，教光绪帝识字，光绪帝跟着读了四遍。翁同龢又将《帝鉴图》一书拿出来开始教授，对于教授的内容，光绪帝都能明白意思，并且指着书中的“帝尧、大舜”甚是喜欢，并令翁同龢书写“帝、德”二字。恭亲王奕䜣见此，也来了兴趣，他接着书写“如、天”二字，并观看“帝德如天”四字良久才离开。翁同龢见此，忽然想到光绪帝的身世，惊吓得出了一身冷汗。当这天的课程结束时，时间已经过去了 45 分钟。

毓庆宫斗匾

四月二十一日，光绪帝改在毓庆宫正式上学了。光绪帝先到圣人堂给孔子行了礼，跟随行礼的官员一律穿着官服，戴着朝珠。翁同龢与夏同善入列朝臣后，跟随伯彦讷谟祜、奕劻来到毓庆宫，光绪帝升坐宝座，这四人向光绪帝行三跪九叩礼。光绪帝走下宝座向众人作揖，众人忙跪拜答谢，然后进入毓庆宫西间。伯彦讷谟祜先拉弓，后教蒙古语及满语四句。翁同龢教授四句，让光绪帝跟着读，朗读得很好，又教授四个字。翁同龢又讲解了一段课文，并未写字。由于光绪帝最近身体不适，慈禧特令恭亲王奕䜣传懿旨，让课程不能过长，并将教课内容上报慈禧，所以这天只教授了大约半个小时就结束了。自此以后，光绪帝开始了临字、识字、写字、听讲、背诵和学满文等一系列课程，每天下午三点半放学后还要学骑射。

光绪帝本就聪明伶俐，加上好学，又有最好的老师教授，学习进步很快。然而，毕竟年龄还小，身体单薄，体质较差，繁重的课程根本不适合儿童时期的性格，时间没多久，光绪帝开始闹情绪，任性不听话起来，甚至有些抵触学业，根本不好好配合老师的教授。针对这种情况，慈禧想出了一种办法，那就是让醇亲王奕譞以管理毓庆宫事务为名入宫看管光绪帝。

毓庆宫

光绪二年（1876年）五月二十六日，两宫皇太后懿旨：

> 前因醇亲王奏旧疾复发，恳赐矜全，当允。王公大学士九卿之议，将醇亲王所管各项差使开除，即神机营事务，亦改派伯彦讷谟祜等管理，仅令醇亲王随时会商筹办。惟菩陀峪工程重大，仍令前往照料，亦该亲王职分所当为。因嗣皇帝入学读书，特派照料毓庆宫事宜，亦非寻常差使可比。

慈禧在懿旨中特别提到，陪光绪帝侍读是特别重要的事情，不能轻视。由于有生父奕譞的陪伴，光绪帝的情绪变得稳定，学业又能安心攻读，尤其是爱读书，读书的过程中善于思考，并且针对自己不明白的事提问。光绪帝还很喜欢书法，练习书法非常认真，这些表现都令他的老师备感欣慰。

光绪帝不仅要学习文化课，学习如何当皇帝，还要学习帝王的站起、坐下和行走的标准姿势，以及相当于现在体育课的骑射。

随着学业的进展，光绪帝老师的数量也在增加，他的老师先后有翁同龢、夏同善、孙家鼐、孙诒经等，他们都是慈禧为之挑选的儒学大师。其中，光绪帝与老师翁同龢的关系最好。

未成年的男孩子，不仅需要母爱，更多的则是需要父爱，需要父亲坚实的呵护，人们常说的“父子天性”就是这个道理。对此，年幼的光绪帝也不例外。

翁同龢博学多才，和蔼可亲。生活在孤独冷漠的皇宫中缺失父爱的光绪帝面对这位慈祥、温和、敦厚的老师，在内心中自然将之当成了自己的父亲。因为在他那里得到的不仅有温暖，还有安全感。光绪帝与他的生父一样，生性胆小，尤其是害怕雷声，以至于雨季打雷，他都会躲进翁同龢的怀抱，翁同龢对光绪帝也倍加呵护。光绪二年（1876年）五月的一天，正在读书的光绪帝忽闻惊天的雷声，竟然吓得抱着椅子哭，翁同龢赶紧过去抱起光绪帝，搂在怀里不停地轻声安慰，给予慈父般的保护。

光绪帝读书像

光绪帝对翁同龢的依赖之情，建立在师生关系基础上，但又高于师生关系，不是父子，却胜似父子。在他的一生中，一直信任这位教授他经史和做人的老师。翁同龢的教育对他的成长和亲政都发挥了重要影响，因为他要做一位不是傀儡的好皇帝。

二、维新带来的厄运

时间过得飞快，一晃之间，时间已经到了光绪十二年（1886年），光绪帝上学已十多年了，当皇帝也已经12年了。4岁的孩童已经变成16岁的翩翩少年，受过良好教育的他成熟了很多，看上去已经颇有帝王气派了。每当慈禧垂帘听政时，坐在慈禧面前宝座上的光绪帝，已如一座小影壁墙似的挡在眼前，王公大臣的“皇上万岁”高呼声如同惊雷，时时刺激着慈禧的耳鼓。“皇上真的长大了”，慈禧心中也是这么想的。皇帝长大了就要亲政，这在清朝早有先例。如顺治帝6岁登基，14岁亲政，亲政半年多大婚；康熙帝8岁登基，12岁大婚，14岁亲政；同治帝6岁登基，17岁大婚，18岁亲政。对于以上清朝三位幼年继承皇位的皇帝，慈禧自然是了如指掌，明白得很。因此，对于如何对待光绪帝的亲政，慈禧必须要想出一个比以往更好的办法，起码要防止出现不听自己使唤的尴尬局面来。对于这件事情，慈禧已经有了同治帝的经验教训。于是她决定，先让光绪帝亲政，但前提是在她“训政”监督下“亲政”，看看光绪帝的反应，然后安排光绪帝大婚。光绪帝的皇后人选得由她确定，好让皇后帮着监督光绪帝。慈禧是这么想的，也是这么做的，因为手里掌握着朝政大权，所以这件看似繁琐的事情，做起来却是易如反掌，十分顺利。

光绪十二年（1886年）六月初十日，慈禧以光绪帝学业有成、已经能批阅奏章为名，“著钦天监选择吉期，于明年举行亲政典礼”。光绪帝知道后，“当即长跪恳辞”。醇亲王奕譞及军机大臣则以国家多事、皇帝尚需继续学习为由，请求“从缓归政”。对此，慈禧未予批准。

六月十四日，慈禧否决醇亲王奕譞、礼亲王世铎等再“训政数年”及伯彦讷谟祜等“从缓归政以懋圣学”的请求，但批准了醇亲王奕譞的“归政后当永照现在规制，凡宫内一切事宜，先请懿旨，再于皇帝前奏闻，俾皇帝专心大政”等请求。称之这么做的原因是“随时调护，遇事提撕，此责不容卸，此念亦不容释”，并决定“皇帝亲政典礼著于明年正月十五日举行”。

太和殿

光绪十三年（1887年）正月十五日，光绪帝在太和殿举行了“亲政”典礼。慈禧则以监督的名义继续“训政”，掌管朝中大权。

既然达到了第一个目的，慈禧考虑的第二件事就要开始实施了，那就是为光绪帝选择皇后大婚，也就是在皇帝身边安插自己的亲信。历来“枕边风”都是最厉害的武器，因此在光绪帝身边安插亲信，最佳的人选就是皇帝的皇后。只有这样，慈禧才会放心归政，并在暗中继续监督光绪帝，掌控朝中大权。于是，慈禧开始操办光绪帝的婚事，以及她归政后生活的处所。

光绪十三年（1887年）闰四月十四日，慈禧发布懿旨，命总管内务府大臣筹办光绪帝大婚事宜，并指示一定要节俭办理，不得浪费。所有开支款项，由醇亲王奕譞负责稽查、核实。

光绪十三年（1887年）五月二十日，慈禧批准光绪帝大婚典礼所需二百万银两，并令户部将此款摊派给各省，所需物品由“各省各织造监督恭办传用各件”，将物品价值开列名单送礼仪处。

光绪十四年（1888年）二月初一日，光绪帝谕内阁：西苑已经修好，四月初十日恭奉慈禧到那里居住。

六月十六日，慈禧决定，光绪帝大婚典礼于光绪十五年（1889年）正月举行。

六月二十二日，慈禧决定，光绪十五年（1889年）二月初三日归政。

太和门旧影（1901 年）

七月二十七日，慈禧再次做出决定，“皇帝大婚典礼，著于光绪十五年（1889 年）正月二十七日举行。本年（指光绪十四年）十一月初二日纳采，十二月初四日大徵。所有应行事宜，著各该衙门迅速敬谨办理。”

十月初五日，慈禧公布了光绪帝的皇后和两位嫔的人选。

由以上可以看出，慈禧对光绪帝的婚事是很“上心”的，在行动上是很迅速的，并很快就确定了光绪帝的后宫为一皇后、二嫔共计三个女人的格局。

然而，慈禧的精心安排并非都是顺利的。就在距离大婚还有 40 余天的时候，即光绪十四年（1888 年）十二月十五日，皇宫的太和门、昭德门和贞度门发生了大火。太和门位于太和殿前面，是皇宫中的重要大门之一，也是大婚时皇后凤舆进宫的必经之门。这样重要的大门在皇帝的大婚之前竟然被烧毁了，很多人都认为这是不祥之兆，是上天的警告。翁同龢在日记中载道：“此灾奇也，惊心动魄，奈何奈何！”对此，慈禧也吃惊不小，为了改变这种不利的尴尬局面，慈禧首先将火灾定性为“护军失职”，于是两名护军当了替罪羊，内务府大臣、步军统领等降级罚俸；其次奖赏救火的有功之人，当官的嘉奖，当兵的每人给二两银子；并将颐和园的一些建筑工程停工，以祈求上天息怒。《光绪朝东华录》对于这件事是这样记载的：

> 本月十六日贞度门不戒于火，固属典守不慎，而遇灾知儆，修省宜先，所有颐和园工程，除佛宇暨正路殿座外，其余工作一律停止，以昭节俭而迓庥和。

为了应付即将到来的皇帝大婚典礼，对于烧毁的太和门、昭德门和贞度门，在原址上按一比一的比例搭建了完全一样的三门，其鸱吻、雕饰、瓦沟等都酷似真物。即使是长期在宫中行走的人，也不能辨其真伪，简直达到了以假乱真的程度。

虽然太和门等失火不大吉祥，但这只是意外事故，算是一个波折，并不能影响皇帝的大婚。光绪帝的大婚及慈禧的归政照样如期进行。

光绪十五年（1889 年）正月二十七日，光绪帝大婚。这一年，光绪帝已经 19 岁。

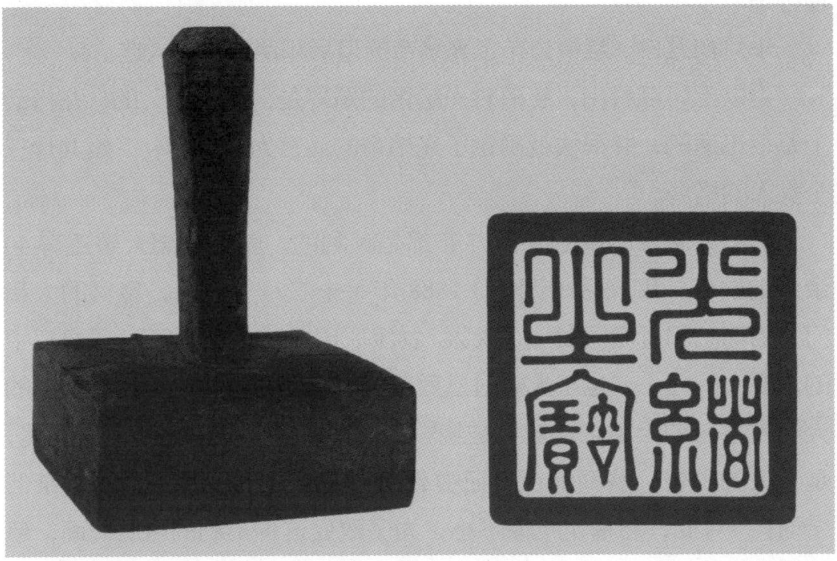

光绪之宝及宝印

光绪帝大婚图册局部

光绪十五年（1889 年）二月初三日，慈禧正式归政，并开始在颐和园养老。

慈禧的“归政”意味着光绪帝开始亲理朝政，在这之前的“亲政”，其前提是在慈禧“训政”监督下的行为，并不是真正意义上的“亲政”。慈禧归政后，则不再继续训政，放手让光绪帝管理朝政，她在幕后冷眼监督光绪帝。因为她此时不仅在光绪帝身边安插了她的亲侄女——皇后，还在光绪帝大婚前炮制了一个约束光绪帝的《归政条目》，其中规定：朝臣奏折，慈禧也要看看；光绪帝批阅奏折后，慈禧要审查一遍；光绪帝如要召见朝臣，需要请示慈禧，等等。对此，翁同龢在日记中记载，“大约寻常事上决之，稍难事枢臣参酌之，疑难者请懿旨。”由此可见，即使慈禧归政了，光绪帝要想真正做主办点事情，也要受到慈禧的辖制。但不管怎么说，光绪帝在名义上已完全亲政，权力比以前还是大了很多，也自由了很多。毕竟光绪帝长大了，也是有妻室的男人了，在一些事情上也该有自己做主的权力了。然而，光绪帝这种受限制的君主权力要冲破慈禧的权限时，随之而来的就是厄运了。

光绪帝亲政后，尤其是在慈禧归政后的亲政，在身边逐渐形成了以他为权力中心的帝党。而慈禧虽然退居幕后，住在颐和园，但是跟随她的人依旧不少，尤其是按照《归政条目》规定，她还负有监督光绪帝的职权，因此在身边也存在着以她为中心的一股政治势力——后党。一国无二主，一朝不能有两个政治中心，尽管以光绪帝为首的是“执政党”，但执政时间较短，势力较弱；以慈禧为代表的后党虽是“在野党”，但由于之前长时间执政，势力较大。因此，两股政治势力之间必然存在矛盾与争斗，明争暗斗自慈禧归政后就开始了。随着光绪帝亲政时间的增长，面对着国内外的严峻形势，尤其是外国列强的侵略、官场的腐败无能，加之有识之士呼吁改革的声音传到光绪帝那里，一心想铲除毒瘤、破旧立新的光绪帝更想振兴大清、富国强民，于是较大的冲突首先发生在皇宫。

光绪帝大婚后，他的后宫里有了三个女人，即皇后和二嫔。由于皇后是慈禧的亲侄女，所以光绪帝并不喜欢；而另外二位嫔，虽然两人为亲姐妹，但妹妹珍嫔活泼可爱，善解人意，因此与光绪帝感情深厚，深得光绪帝喜爱，两人之间如胶似漆。这一切都被皇后看在眼里，恨在心上。因为明明她身居正宫皇后，却如同打入冷宫守活寡，得不到光绪帝的一点怜爱，这对一个有着正常生理和情感需求的女人来说，太不公平了，更是无法忍受。有着女人争风吃醋本能的皇后，面对自己的男人是皇帝，既不能哭，也不能闹，更不能打，只能视珍嫔为自己的情敌，千方百计打探珍嫔的行踪，尤其是珍嫔的过错，将其一一密报给自己的姑妈也是自己的婆婆，即皇太后慈禧。慈禧闻听，顿时心花怒放：正愁没有警告光绪帝的借口呢。因此慈禧决定以处罚光绪帝的二嫔为手段，旁敲侧击地警告一下光绪帝：我是皇太后，还活着并时刻可以管着你。

光绪二十年（1894 年）正月初一日，这年正是慈禧的六十大寿，故此慈禧对前朝遗孀和光绪帝二嫔进行了一次晋封，其中光绪帝的二嫔由嫔晋封为妃。但当慈禧的生日十月初十日刚刚过去没多久，先是对珍妃施以“褫衣廷杖”即脱衣棍打，后又将珍妃姐妹降为贵人。这还不算，慈禧再次强调皇后有“统辖六宫”的权力，后宫不遵守家法者，由皇后追查。言外之意，皇后有权管理珍妃姐妹。表面上是皇后管理后宫，实则无非是要她加强监督光绪帝。慈禧打了光绪帝心爱的珍妃，还加强了对他们的监督，这一切都源于慈禧对光绪帝的不满，以此来表达和发泄。

光绪二十二年（1896 年）二月十六日，慈禧又将冒死上言的太监寇连材斩首。因为寇连材给慈禧提意见十条，其主要内容为：请太后不要揽政权，应该归政于光绪帝；不要重修圆明园；不要幽禁光绪帝；要顾及京师特大水灾，立即停止擅自动用海军军费去修复颐和园；赎回被日本占领的台湾，宁可赔款，不可割地；不宜去掉忠直之臣而专用阿谀奉承之人；皇帝没有后嗣，请择天下之贤者立为皇太子，等等。在清朝，严禁太监干预朝政，即使是出于对朝廷的忠心也不行，何况这个太监所说的触犯了慈禧的根本利益，因此被慈禧砍了头。慈禧之所以对一个太监如此不留情，这也是杀鸡给猴看，警告其他人别再冒险犯傻，搞什么进言、建议，其中也包括给光绪帝的警告，老老实实该干啥干啥，别总异想天开，做什么打破祖制的事情。

只是光绪帝看在眼里，并没有放进心里，认为自己毕竟还是一国之主，慈禧拿他也没有办法。然而，光绪帝想错了，为了维护权力和自身利益，慈禧什么事情都会做得出来的，只是光绪帝还没有认识到，他已经处在一个很危险的境地了。由于认识上的不足或误判，光绪帝还以皇帝的身份继续按照自己的想法治国理政，像热血青年那样，满腔热情，意气风发。

光绪帝亲政前，国内虽出现了“同治中兴”，但随着政治的腐败、国内矛盾尖锐和国外列强侵略蚕食，作为统治高层的光绪帝看在眼里、疼在心里，可是自己并没有权力改变这一切，也只能默默叹息以表示无奈。后来光绪帝亲政，几年时间过去，大清国的这种国内的不利形势和国际的被动局面还是无法改变，而且还越发艰难。更无法让光绪帝忍受的是，通过明治维新强盛的日本，这样的一个小国，居然吃了熊心豹子胆，把侵略矛头对准了朝鲜和中国。光绪二十年（1894年）七月初一日，清政府对日本宣战，但没想到堂堂的大清国在战争中惨败，清朝求和派占据了上风，于光绪二十一年（1895年）三月二十三日被迫签订了丧权辱国的《马关条约》，不仅赔偿白银二亿两，还割让领土辽东半岛（后由于俄国、法国和德国干预，日本让中国花三千万两白银赎买，作为赔偿）、台湾、澎湖列岛及附近岛屿给日本，并允许日本在中国的通商口岸投资办厂。面对这样的条约，光绪帝除了愤怒就是感到羞耻和无奈，大清国任人欺辱、任人宰割，他上对不起列祖列宗，下对不起黎民百姓，尤其是那些在被割让领土上生活的百姓。为了改变大清国的这种又挨打又挨骂的局面，面对国内呼吁改革的声音，光绪帝认为只有改革老旧的体制，才是富国强民之道，那就需要变法改革。这时候正有一些有识之士，或是文人墨客，或是一勇之夫，或是热血青年，他们或上书朝廷，或在社会上活动，表达爱国之情，要为国家出力，要求改革。这些人的热情、思想深深打动了

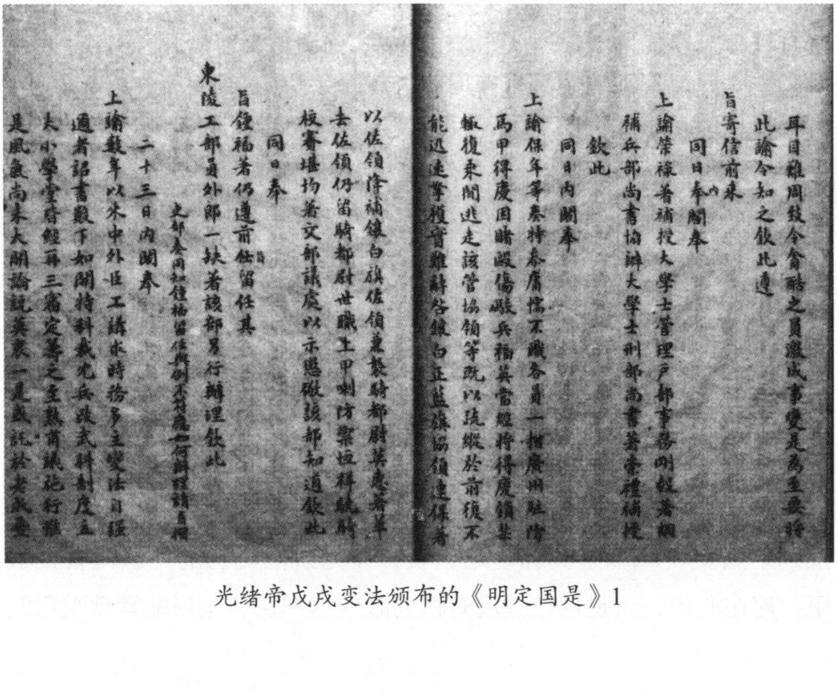
耳目雖周設令貪酷之員激成事變是為至要將
此諭令知之欽此遵
旨寄信前來
上諭榮祿著補授大學士管理戶部事務剛毅著調
補兵部尚書協辦大學士刑部尚書著崇禮補授
欽此
同日內閣奉
上諭保年等奏特參庸懦不職各員一摺廣州駐防
馬甲得慶因睹毆傷毆兵福英當經將得慶鎖禁
輒復來閩逃走該管協領等既以疏縱於前復不
能迅速掌獲實難辭咎鑲白正藍旗協領連保著
以佐領升補鑲白旗佐領兼騎都尉英惠著革
去佐領仍留騎都尉世職王甲喇防禦恆祥驍騎
校賽堪均著交部議處以示懲儆該部知道欽此
同日奉
旨鍾福著仍遵前旨留任其
東陵工部員外郎一缺著該部另行辦理欽此
吏部奏同知鍾福留任與例不符應如何辦理請旨摺
二十三日內閣奉
上諭數年以來中外臣工講求時務多主變法自強
邇者詔書數下如開特科裁冗兵改武科制度立
大小學堂皆經再三審定籌之至熟甫議施行惟
是風氣尚未大開論說莫衷一是或託於老成憂

光绪帝戊戌变法颁布的《明定国是》1

光绪帝那颗浮躁的心，认为在这些人的支持下，他就要以皇帝这个身份冲锋在前，冲破万难，打破旧制，建立新政。

光绪二十四年（1898 年）四月二十三日，光绪帝以大清皇帝名义颁布《明定国是》，宣布变法维新。因为这一年是农历戊戌年，所以史称“戊戌变法”。

“国是”，指国家的重大政策，“明定国是”是指明确治国的大政大策。在政治方面，裁减机构和冗员，重订一些规章制度；广开言路，创办报刊，允许人民上书提意见。在经济方面，设立中国银行、农工商总局、矿务铁路总局；保护和奖励工商业；修筑铁路，开采矿藏，鼓励商办各种企业；改革财政制度，编制国家预算。在军事方面，开设军事工厂，训练新式军队，加强国防。在文教方面，改革考试制度，废除八股文；设立京师大学堂，设立编译局，翻译外国书刊；兴办邮政；奖励科学著作和发明。

国家大政方针已经确定，光绪帝再次颁发了一百多道除旧布新的谕旨，相关的一些政策实施细节也就随着谕旨陆续颁布。随着这些政策的陆续落实，展现在政治家和人民面前的仿佛是国家前景一片光明。

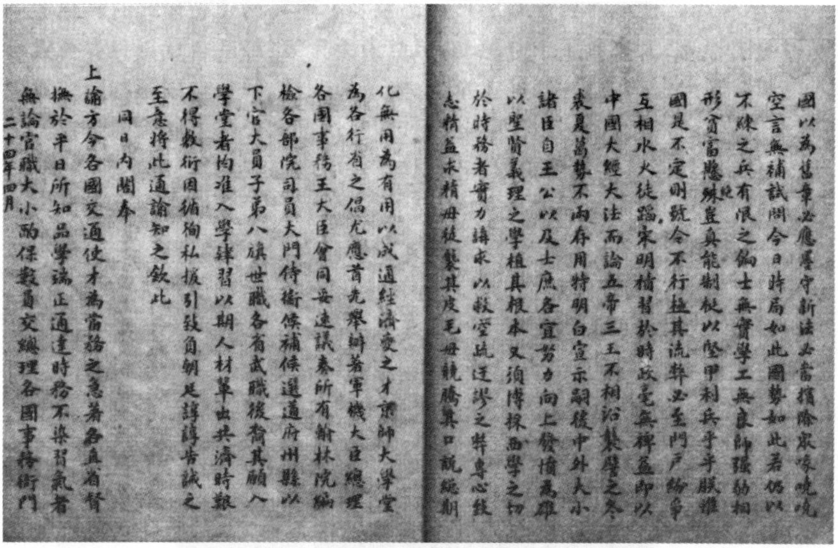
國以為舊章必應墨守新法必當擯除衆喙嘵嘵
空言無補試問今日時局如此國勢如此若仍以
不練之兵有限之餉士無實學工無良師強弱相
形貧富懸絕豈真能制梃以撻堅甲利兵乎朕惟
國是不定則號令不行極其流弊必至門戶紛爭
互相水火徒蹈宋明積習於時政毫無裨益即以
中國大經大法而論五帝三王不相沿襲譬之冬
裘夏葛勢不兩存用特明白宣示嗣後中外大小
諸臣自王公以及士庶各宜努力向上發憤為雄
以聖賢義理之學植其根本又須博採西學之切
於時務者實力講求以救空疏迂謬之弊專心致
志精益求精毋徒襲其皮毛毋競騰其口說總期
化無用為有用以成通經濟變之才京師大學堂
為各行省之倡尤應首先舉辦著軍機大臣總理
各國事務王大臣會同妥速議奏所有翰林院編
檢各部院司員大門侍衛候補候選道府州縣以
下官大員子弟八旗世職各武職後裔其願入
學堂者均准入學肄習以期人材輩出共濟時艱
不得敷衍因循徇私援引致負朝廷諄諄告誡之
至意將此通諭知之欽此
同日內閣奉
上諭方今各國交通使才為當務之急著各直省督
撫於平日所知品學端正通達時務不染習氣者
無論官職大小酌保數員交總理各國事務衙門
二十四年四月

光绪帝戊戌变法颁布的《明定国是》2

然而，头脑简单的光绪帝和善良的人们想错了。因为新政代表了新兴资产阶级的利益，而变法改革是一场严酷的政治斗争，其锋芒所向直指封建专制制度及其腐朽势力，必然要触及这些旧势力的权力和利益，也必然会遭到以慈禧为代表的封建旧恶势力的抵制和反对，再者维新的精神也为保守的世俗所不容。因此，光绪帝的改革维新在一些地方遭到阻碍，甚至反对。对此，光绪帝也感到了自己处境的危险，这些危险来自慈禧和那些位高权重的大臣。

光绪二十四年（1898 年）四月二十七日，即光绪帝颁发《明定国是》的第五天，名义上退休实则躲在幕后的慈禧跳了出来，强迫光绪帝做了三件事。

1. 任命慈禧的亲信荣禄署理直隶总督，负责京师地区的军事部署。慈禧这样做的主要目的之一就是让荣禄保护她的安全。

2. 今后再任命二品以上的官员，必须向慈禧谢恩。慈禧这样做的目的就是让重要官员看清楚形势，别与光绪帝走得太近，在大清朝她还是掌管着朝中的重要事情，说话算数的。

荣禄像

3. 罢免了光绪帝的老师翁同龢。翁同龢不仅是光绪帝的老师，更是他的左膀右臂、变法的支持者，《明定国是》就是翁同龢起草的。慈禧这么做的目的就是给光绪帝撤梯子、拉后腿，变相警告光绪帝：她不赞同变法，如果做得过分，比如说伤害她的利益，那就要小心点了，她什么样的事情都做得出来，这是对光绪帝的打击。

对于慈禧的这些动作，光绪帝心知肚明，但为了大清国和黎民百姓的利益，光绪帝还是义无反顾地向前冲。到了后来，光绪帝感到眼前的形势越发的严峻：据说慈禧要废掉自己，另立皇帝。为了保护自身安全和推行新政，光绪帝密派谭嗣同在京秘访袁世凯，要袁世凯带兵入京，除掉顽固派。谭嗣同是湖南浏阳人，维新派主要人物之一，当时为四品卿衔军机章京。袁世凯是河南项城人，由于在朝鲜有一段特殊的经历，甲午战争后在天津小站负责训练新兵，手中掌管着一支新式陆军，当时为直隶按察使兼工部右侍郎。袁世凯表示先回天津除掉荣禄，然后率兵入京，包围颐和园。然而，袁世凯回到天津后就向他的上司直隶总督荣禄告密，荣禄又将此事密报慈禧，于是慈禧发动政变。这是较为传统的"袁世凯告密说"。

袁世凯像

而目前流传较广的一种新说法是，慈禧发动政变是因为本来就看光绪帝折腾得不成样子，又看到日本明治维新改革家、前总理大臣、侯爵伊藤博文来中国，担心光绪帝聘用此人为顾问指引大清国改革，还听闻光绪帝等维新派要围攻颐和园。慈禧发动政变，与袁世凯并没有直接关系。不管慈禧为何发动政变，究其根本原因，还是改革已触动自己的根本利益，看不惯变法，实在无法容忍光绪帝继续折腾下去了，才出面干预并制止，软禁光绪帝，借机再次训政。

八月初六日，光绪帝被软禁，慈禧以光绪帝名义发布谕旨，同时下令抓捕工部候补主事康有为，罪名是“结党营私，莠言乱政”，并将其弟康广仁也逮捕治罪。至此，戊戌变法正式宣告失败，其寿命仅从四月二十三日到八月初六日共 103 天，故此又称“百日维新”。之后，光绪帝则是在中南海的瀛台和颐和园的玉澜堂度过了他的余生。

光绪帝被软禁后，慈禧仍不满意，她耳听目睹的是光绪帝的一些做法让她感到愤怒，甚至可怕，因此她想废掉光绪帝，这需要找到合情合理的借口。那么，什么样的借口合适呢？最好的借口就是说光绪帝身体虚弱、无法理政，进而废掉他。

康有为像

瀛台

谭嗣同像

八月初十日，慈禧再次以光绪帝的口气发布谕旨，称四月以来身体“屡有不适，调治日久，尚无大效”，因此要求全国各地推荐“精通医理之人，即日驰送来京”，为他看病。这是慈禧为她训政提供的口实，也为日后废掉光绪帝埋下的伏笔。

八月十三日，慈禧将谭嗣同、康广仁、杨深秀、林旭、杨锐、刘光第六人杀害，这是慈禧对维新派的直接绞杀，史称这六人为“戊戌六君子”。

八月十四日，慈禧以光绪帝名义发布谕旨，污蔑维新党，称维新党“包藏祸心潜图不轨，前日竟有纠约乱党谋围颐和园，劫制皇太后陷害朕躬之事”。按照慈禧的说法，计划劫持皇太后的是维新党所为，是陷害光绪帝的举动，与光绪帝无关，这样就解脱了光绪帝的罪行。接着又指责戊戌六君子“实系与康有为结党，隐图煽惑”“该犯等情节较重，难逃法网，傥语多牵涉，恐致株连，是以未俟复奏。于昨日谕令将该犯等即行正法。此事为非常之变，附和奸党，均已明正典刑。朕心存宽大，业经明降谕旨，概不深究株连”。

慈禧的这番话无疑是将所有“罪责”都推到六君子身上，杀了主犯，从犯就宽大处理不再追究，以免牵连众多人员。慈禧这么做的最终目的，就是为日后废掉光绪帝埋下又一伏笔。因为这样的处理结果会给人一种感觉，光绪帝如果被废，并不是因为变法得罪了慈禧，而是光绪帝的身体已经不再适合继续做皇帝了。

既然想要废掉光绪帝，慈禧在背后就开始了运作。然而事情并不像她想象得那么简单。光绪帝当皇帝时间已久，他的政策又深入人心，在封建社会的男权制度下，慈禧废掉光绪帝的想法不仅遭到朝中大臣和国内民众的反对和抗议，就连外国列强也不支持。国内重臣两江总督刘坤一、两广总督李鸿章对废黜光绪帝都明确表态不支持和反对。外国列强对于慈禧欲废掉光绪帝的态度是，废黜不废黜光绪帝是中国内政，他们无权干涉，但承认不承认新皇帝，则是他们的权力。言外之意就是不认可即将发生的朝政改变。

直接废黜光绪帝的计划受阻，但慈禧还不甘心失败。为了达到不可告人的目的，慈禧决定换种思路曲线废黜光绪帝。据《崇陵传信录》记载：慈禧问计荣禄欲废光绪帝之事败露，应如何应对；荣禄出谋划策说，光绪帝尚无子嗣，可以为之在宗室近支中选立大阿哥为子嗣，然后找机会废之，慈禧对此称“汝言是也”。慈禧经过仔细挑选，端郡王载漪的 15 岁儿子溥儁被选中。

光绪二十五年（1899 年）十二月二十四日，慈禧以光绪帝名义发布谕旨，立溥儁“承继为穆宗毅皇帝之子”“以绵统绪”，即溥儁为同治帝儿子，称“大阿哥”，以此来过渡皇位的交接，光绪帝只是这个“大阿哥”的皇叔。言外之意，光绪帝就是外人临时当皇帝，已是属于多余的，理应让位。

对于慈禧一意孤行的做法，民众的眼睛是雪亮的，外国列强更是无法被欺骗。慈禧立大阿哥的行为遭到了除俄国之外所有列强的抵制，外国公使拒绝参加清廷举办的立大阿哥的庆典，朝廷的一些重臣也强烈反对，上海的绅商更是联名反对。

溥儁像

对于国内外的这些反对者，慈禧最恨的也最怕的是外国列强。在她看来，这些洋人真是可恶至极，令人讨厌，但又惹不起这些洋人，担心这些洋人群起而攻之。因为她知道，她的男人——大清国的咸丰帝就是被这些洋人赶到了避暑山庄并死在那里的。既然咸丰帝都打不过这些洋人，她心里也没有多大把握能打败洋人。更何况，她之所以能垂帘听政当大清国的家，多多少少也是与这些洋人的支持有着直接关系的。

光绪二十六年（1900 年）七月二十一日，慈禧在逃出京城前害死了光绪帝的宠妃——早被关押的珍妃，然后化妆成村妇挟持着光绪帝，带着皇后、大阿哥及部分大臣向太原、西安方向出逃，开始了一年零四个月的逃亡生活，美其名曰“西巡”。在此期间，为了保住自己的地位，于十二月二十六日抛出了著名的卖国口号“量中华之物力，结与国之欢心”。

光绪二十七年七月二十五日（1901 年 9 月 7 日），奕劻、李鸿章代表清政府同德国、奥地利、比利时、西班牙、美国、法国、英国、意大利、日本、荷兰、俄国十一国签订了中国历史上最为丧权辱国的不平等条约——《辛丑条约》。《辛丑条约》的签订，虽然丧权辱国，但却换来了八国联军从北京撤军，结束了慈禧的流亡生活，也维持了

清政府的求和上谕：“量中华之物力，结与国之欢心”（1900 年 2 月 14 日）

慈禧不归政的政治格局。

光绪二十七年（1901 年）十月二十日，慈禧以载漪是“上年拳匪之变，肇衅列邦”祸首，“得罪列祖列宗”，已获罪之名，将溥儁“撤去大阿哥名号，加恩赏给入八分公衔俸，毋庸当差”，赶出了皇宫。又指出，“至承嗣穆宗毅皇帝一节，关系甚重，应俟选择元良，再降懿旨，以延统绪，用昭慎重”。按照慈禧的说法，既然载漪是有罪之人，那他的儿子溥儁就没有资格继续当大阿哥，因此也就不再是同治帝的继子。表面上看，溥儁大阿哥身份的丧失是受其父亲影响，实则是慈禧讨好外国列强做出的一种示好姿态；二则是溥儁本人的人品也是下下流，在皇宫中经常勾引宫女致使其怀孕，败坏了皇家的颜面，这也是慈禧所不能容忍的。但就溥儁被赶出皇宫这件事本身来说，对光绪帝却是大大的好事情，光绪帝随时被废的危险解除了。

光绪二十七年（1901 年）十一月二十八日，慈禧挟持光绪帝回到了北京，依旧过上了养尊处优的生活，光绪帝则继续当起了囚徒皇帝。

慈禧的这次流亡生活对她打击很大，心里清楚地认识到，实力弱就会受到洋人欺负，因此当流亡到西安时，慈禧决定也要变法。光绪二十七年（1901 年）十二月初十日，慈禧以光绪帝的名义下诏变法，但强调此次变法与戊戌变法的区别，称康有为等人所为变法“乃乱法也，非变法也”。实际上，光绪帝变法的那些内容又被翻出来再次实施，后来甚至又宣布要在中国实施君主立宪制，其广度和深度要比光

《辛丑条约》签字场面

绪帝变法大得多。并于光绪三十年（1904 年）五月，赦免了除康有为、梁启超以外的其他因戊戌变法获罪的人，关押的释放，革职的复职，追捕的撤销通缉。正因如此，有人这样评价戊戌变法，如果当初是慈禧挂帅领头的话，戊戌变法就不会失败，而光绪帝偏偏看不到这点，非要以他的名义发动那场变法，最后落得变法失败，光绪帝本人也成为事实上的囚徒。而笔者认为，戊戌变法之时，光绪帝已将此事告知慈禧，但闭关自守、一家独大、养尊处优的慈禧还没有看清楚时政，无法认识到改革的重要性，因此根本不会主动改变固有的生活和制度。当她的那套老办法屡屡失败，并威胁到自身安全时，慈禧才看清楚政局，被动认识到了原有生活方式的局限和制度的缺陷，要想改变就只有变法改革。慈禧的这种认识也只有在经历了庚子劫难后才会有的，否则，她是根本不会进行新政改革的。而戊戌变法虽失败，却给慈禧的这次变法提供了宝贵的经验和基石。只不过最倒霉的却是光绪帝，堂堂的一国之主，因为一场改革失败，他的人生发生了巨变，由执政者沦为阶下囚，成了傀儡皇帝。有一点需要说明的是，光绪帝主持的变法，是封建统治者学习西方发展资本主义的首次尝试，虽败犹荣。

梁启超像

三、离奇地死去

光绪帝回到北京后，虽然看管得比以前有所放松，但与慈禧的关系依旧紧张，两人之间的矛盾已是水火不相容。好在光绪帝逆来顺受已经习惯，除了给慈禧垂帘听政时装点门面般坐在宝座上外，其他囚禁时间读读书、学习乐器、鼓捣一下钟表、散散步看看风景，也算是苦中寻乐。相反地，慈禧倒是因为抓权而忙于政治，少了些归政后的休闲和乐趣。

后来，李鸿章和荣禄又先后死去，这对于慈禧来说相当于失去了左膀右臂，令年近七十的慈禧大为伤感一番，似乎也苍老了很多。光绪三十年（1904 年），在她七十大寿时又遇到日、俄要争夺中国东北而发生的日俄战争，着实让慈禧受惊且又伤心了一次。身体本来就有多重疾病的慈禧，在这之后出现日益衰弱的迹象。光绪帝身体虽然也不大好，但由于不过问朝事，生活虽清苦却也悠闲，加上正当壮年，身体倒平安无事。相比起来，光绪帝在身体方面强过慈禧，也就是说，如果按照这种局势发展下去，最终熬不过时间的反倒是慈禧。也许慈禧也认识到了这点，既然光绪帝不能直接废掉，自己在身体方面还不如光绪帝，那就要想一个万全之策，起码不能死在光绪帝之前。如果自己死在光绪帝前面，光绪帝就会重新掌握皇权，自己的亲信都有可能遭到灭顶之灾，而自己树立的威信和建立的政绩，也都有可能丧失和抹杀。这个问题还真挺费脑筋的，为了不出差错，是不能着急的，慈禧是这么想的，也是这么做的。

时间像把杀人刀，刀刀催人老。人活在世，不服老不行，年纪越大，身上的病只能越来越多。光绪三十四年（1908 年）六月，慈禧第三次垂帘听政又将近十年了。整日的操劳，加上年纪关系，慈禧已经衰老了很多，她自己也感到身体状况大不如从前，精神和体力明显不行了，身上的病也逐渐多了起来，之前的脾胃病尚未痊愈，又增加了头晕等新病。光绪三十四年（1908 年）九月，慈禧又增加了腹泻病，且久治不愈，到十月份病情又加重。直到十月二十二日，“张仲元、戴家瑜请得皇太后六脉已绝，于未正三刻升遐”。要说慈禧年纪大了，精力透支了，经不起岁月的摧残而作别人世的话，那还算是正常的。可令人奇怪的是，从光绪三十四年（1908 年）六月起，光绪帝的身体也开始变坏了，每况愈下。据《崇陵传信录》记载：“戊申秋，突传圣躬不豫，征京外名医杂治之。请脉时，上以双手仰置御案，默不出一言，别纸书病状陈案间，或有所问，辄大怒；或指为虚损则尤怒。”十月初十日，在慈禧的生日之后，光绪帝身体衰变的速度加快，他自述症状有便秘、咳喘、腿酸、失眠、发热、腰痛等。但光绪帝仍然参与政务活动，或陪慈禧接见王公大臣，或接见外国使节，有时还陪慈禧看看戏。十月二十日至二十一日，光绪帝的病情逐渐加重。到了二十一日午时，光绪帝“阳散阴调”，酉时，“龙驭上宾”。

光绪帝与慈禧这两个政治对手——大清国的两位最高统治者仅仅相隔一天时间先后离世，并且是年轻者死在年老者之前，这真是令人难以相信的事情。因此，虽然光绪帝的死被官方公布为正常病死，但还是引发了世人的关注和猜测，普遍认为光绪帝的死属于非正常死亡。

既然光绪帝是非正常死亡，那就是被害死的。对于这种说法，经过梳理，发现有四个嫌疑人，即慈禧、李连英[①]、袁世凯和奕劻。而这四人之中，嫌疑最大的则是慈禧。因为在清朝，只有慈禧才有能力、权力和资格害死光绪帝，其他人在皇权至上的背景下，都不敢也不能害死光绪帝。否则，慈禧也不会放过没有她的允许就害死光绪帝的人。更何况当时被囚禁的光绪帝是不会对慈禧的权力产生威胁的，除非慈禧死在光绪帝之前。对于光绪帝来说，他的最大对手就是慈禧，他的死最大获益者也是慈禧，因为只有他死了，慈禧才可以继续执政，才可以继续立新君。他们两人的关系是水火不相容的：如果光绪帝死了，慈禧就不会有政治危险了；如果慈禧死在了光绪帝前面，光绪帝就可以在政治上翻身再次执政了。

也许有人会说，对于光绪帝的死是否正常，可以根据其死前的脉案来研究，那是验证光绪帝死因的最直接证据。对于这种说法，笔者

---

① 李连英，民间传闻为“李莲英”。根据清宫档案和《清实录》记载，正确的名字应写成“李连英”。

直接给予否定，因为据光绪帝自述的“病原”记载，光绪帝对于那些医生的治疗，并不认可而且还非常恼怒，认为医生所开的药不对路，还会添新病，并不是在认真看病。

光绪三十四年（1908 年）八月初七日，光绪帝在“病原”中申斥“所用诸药非但无效，而且转增诸恙，似乎药与病总不相符。每次看脉，忽忽顷刻之间，岂能将病情详细推敲，不过敷衍了事而已。素号名医，何得如此草率”“名医伎俩，仅止如此，亦可叹已”。尽管如此申斥，他遇到的状况并未改善。八月二十九日，光绪帝添新病；九月三十日，再添新病；十月十七日，又添新病。

由此可见，虽然光绪帝并没有停止看病吃药，却是旧病不去、反添新病。表面看是医生看病不负责任，实则说明医生不负责任也许是另有原因的。因为按理说医生的本职工作就是看病开药、救死扶伤，对于普通病人尚且如此，那么给皇帝看病更应该尽心尽力，拿出所有的看家本事，否则将受到处罚甚至丢命。然而连光绪帝都看出医生并没有好好看病，这就足以说明那些医生所写的脉案根本不可信，没有深入研究的价值。作为医生，不给皇帝细心好好看病，难道他们有天大的胆子，都不想活了吗？俗话说：“蝼蚁尚且偷生，何况草民。”那些全国各地选拔推荐来的名医都是医术极高的人，也懂得生命的可贵和价值，他们不是没有能力和本事给皇帝看病，而是不敢和不能给皇帝看病，但又不能不看病，所以只能“葫芦僧乱判葫芦案”，不对症下药。“是药三分毒”，名医成了“庸医”，吃了他们开的“药”，结局就只能有一种，那就是旧病不去、新病又来。本应能得到治疗的病，到了光绪帝身上却无法治愈，“庸医”害死人。使名医变成“庸医”的人，无论从哪种角度考虑，都应该是慈禧——大清国的实际掌权者。

笔者之所以将害死光绪帝之人的矛头指向慈禧，其重要证据来自官方的档案。据《内起居注》和《德宗景皇帝实录》记载，十月二十日才有“上不豫”之说。也就是说，官方认为，光绪帝这次生病时间是十月二十日。

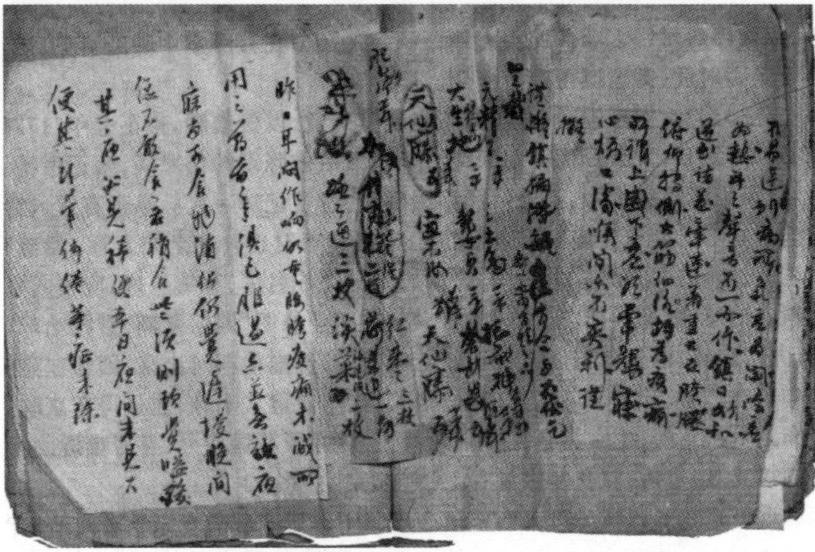

光绪帝自述“病原”的秘档

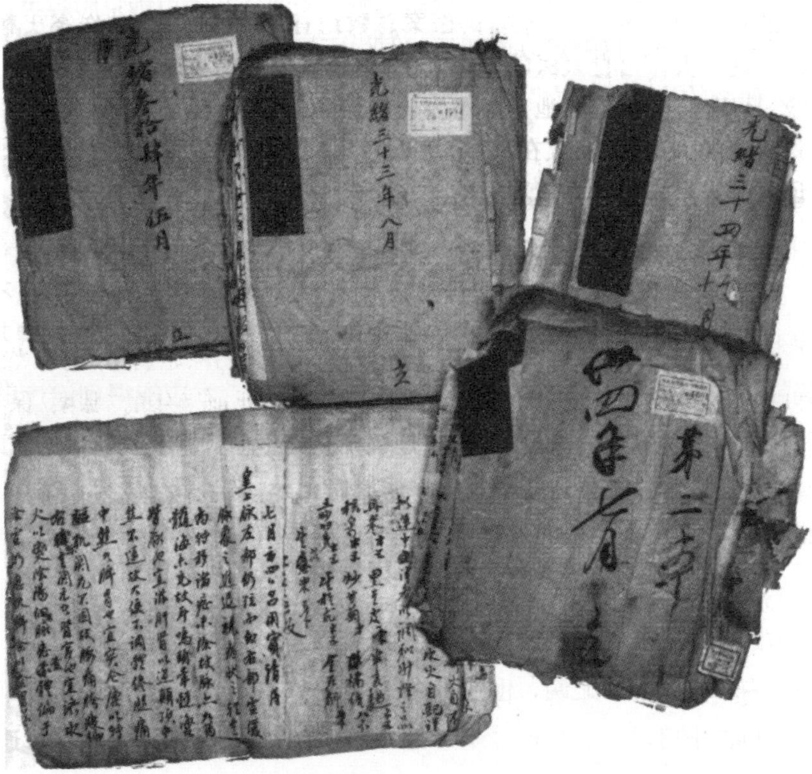

部分光绪帝脉案

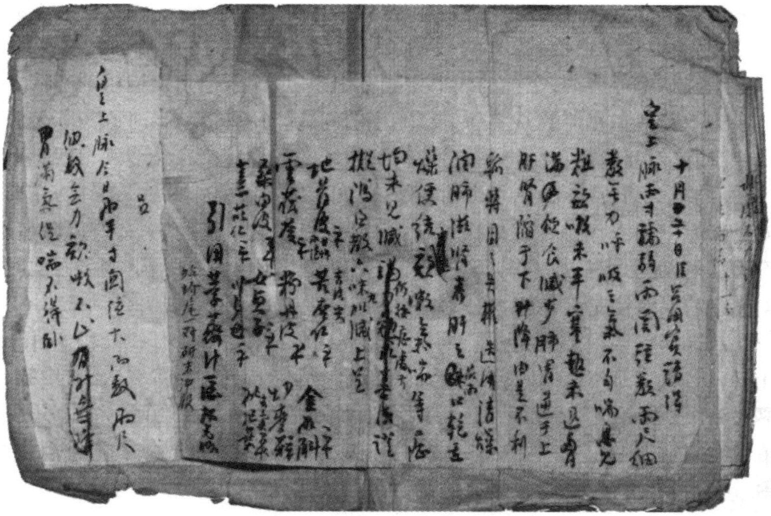

光绪帝临终前的脉案

又据《德宗景皇帝实录》记载，光绪帝生病的这天，慈禧派人将年仅 3 岁的醇亲王载沣之子溥仪抱进皇宫中，并令其在上书房读书，同时又封醇亲王载沣为摄政王。二十一日，光绪帝死后，慈禧颁发懿旨，命“摄政王载沣之子溥仪，著入承大统为嗣皇帝”，称溥仪“承继穆宗毅皇帝为嗣，并兼承大行皇常之祧”。

根据以上记载，笔者认为，这次光绪帝生病后，慈禧就已经认为光绪帝难逃一死，所以在光绪帝未死之前先抱养溥仪进入皇宫，并封溥仪的生父为摄政王，划定今后政治格局为摄政王辅政。当确认光绪帝已死后，溥仪立刻被立为皇帝。这种现象足以说明，光绪帝之死是早有预谋，否则即使将溥仪抱养在宫中，也没有必要当天就封其父为摄政王，以此确定今后的政治格局。而所做这些事情的人是慈禧，所以她就是害死光绪帝的凶手。至于其他人，尤其是李连英，充其量是知情人；而像袁世凯和奕劻之类，即使想害死光绪帝，也是心有余而力不足，所以根本无须去考虑，那些说法更不值得去考证。

也许有的人会说，慈禧根本没有害死光绪帝的必要。其理由是，通过查看慈禧死前脉案发现，慈禧的病是慢性病，在治疗过程中并未出现加重迹象，即使她患有腹泻，也未发现有严重减少饮食的记载。而慈禧所患之病，除了消耗性的腹泻，也只有一些咳嗽、肋痛、口渴、舌干及肢体软倦无力而已，因此她不可能在短时间内很快病死。直到十月十九日以后，慈禧饮食的记载才出现“谷食不多”，二十一日“胃纳太少”，二十二日“胃不纳食”，即无法进食，病情危笃。而这一切病情发展与光绪帝病象明显不同，慈禧病危时间是二十二日，而光绪帝病危时间是二十一日。也就是说，光绪帝病危之前的慈禧病象并不严重，给她治病的一直是御医，而没有用来自全国各地的名医，这说明她对自己的病情尚有信心。

更重要的是，她虽然在二十日封载沣为摄政王，但直到她临死前才授予摄政王为监国，有裁定政事之权。这说明即使在光绪帝死之后，慈禧都没有预见到自己也即将死去，所以没有必要在自己死之前害死光绪帝，因此她不是害死光绪帝的凶手。

对于这种说法，笔者则认为，将慈禧临死前三天的脉案与《德宗

载沣与溥仪

景皇帝实录》中二十日、二十一日两天的记载对比就会发现，光绪帝生病之前的十九日，慈禧就有进食不多的记载；之后的二十日，光绪帝就开始“不豫”，即生病；慈禧进食太少的二十一日，光绪帝则病死。也就是说，光绪帝生病是在慈禧进食不多之后开始的。

再对比之前两人的脉案还发现，光绪帝的每次生病都在慈禧生病之后，并且给病人看病最忌讳同种病总换医生，给光绪帝看病的医生又恰恰是来自各地的名医。名医轮流给光绪帝看病，本身就不是好事，而光绪帝又抱怨他所吃的药根本不对症，每次吃药过后都要添新病。因此，当十月十九日慈禧再次生病，慈禧虽然有可能没想到自己会死，但也为自己“假如出现意外”做了准备，那就是让光绪帝也开始生病，并且抱养了溥仪，封溥仪之父为摄政王。而当她在二十二日临死前，已经公开宣称“现予病势危笃，恐将不起……”。这就说明，

幼年的溥仪

慈禧在这之前就想到自己也许难逃一劫。想害死光绪帝，并不一定要知道自己必死才会动手，只要慈禧感到自己病情加重，光绪帝就要跟着倒霉。因为尽管光绪帝被剥夺了实权，但依旧是慈禧潜在的最大威胁。因此，这次不管慈禧是否会病死，她在心里都做了决定：光绪帝是必死了。

以上只是笔者一家之言，最有说服力的应该是检验光绪帝的遗体，这是现代医学研究方法，也是刑事案件侦破的必要手段。

光绪帝的遗体埋葬在他的陵寝——崇陵，崇陵建在清西陵。

太行山
紫荆关
拒马河
云濛山
金龙背
太宁寺
望仙山
昌西陵
怀王园寝
永宁山
白云山
峨嵋寺
来凤山
泰陵
昌陵
泰东陵
泰陵妃园寝
晓新村
阿哥园寝
端王园寝
崇陵
崇陵妃园寝
永福寺
行宫
奇峰岭
赵公祠
公主园寝
龟山
梁各庄
忠义村
凤凰台
五道河
华北村
易水
龙升华
诸葛岭
东华盖山
九龙山
蜘蛛山
昌陵妃园寝
太平峪
慕陵
慕东陵
龙泉山
西华盖山
大龙华
上陈驿
九凤山
安格庄水库
大雁桥
清西陵平面示意图

第二章

最后的皇陵

虽然光绪帝生前没有建陵，但在他死了之后建陵的事情很快就确定下来了。他不是清朝的最后一位皇帝，可他死后没多久清朝就灭亡了，因此他的陵寝是清朝最后的皇陵。

一、选址之谜

光绪帝虽然当了 34 年的皇帝，但生前并没有建陵，而当他死了之后，作为一国之主的皇帝是不能没有安葬之处的，因此建陵事宜才提上了日程。

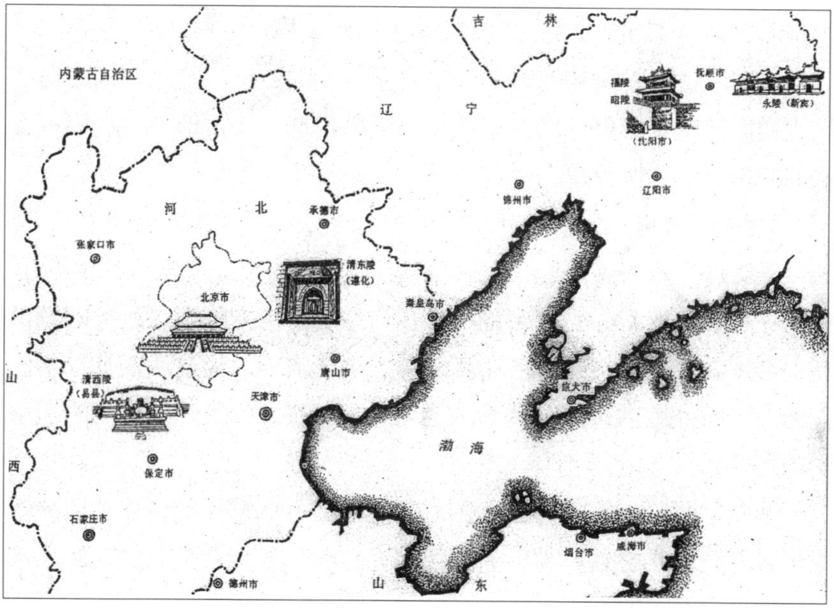

清朝皇陵位置图

当时，清朝在关内建有两处大规模陵园——东陵和西陵，那光绪帝的陵寝应该建在哪里呢？按照乾隆帝规定的昭穆制度，嘉庆帝的陵寝建在西陵，道光帝的陵寝就应该建在东陵。可是道光帝却改变了这种昭穆制度，将自己的陵寝建在了西陵。如按照道光帝的这种新的昭穆制度，咸丰帝的陵寝就应该建在东陵，同治帝的陵寝建在西陵，光绪帝的陵寝则应该建在东陵。然而，由于慈禧的专权，清陵昭穆制度在同治帝那里再次发生了改变，本应建在西陵的同治帝的陵寝被建在了东陵。

也许有人会问：清朝陵寝的昭穆制度两次被打乱，那么应该遵循哪朝的昭穆制度建陵寝呢？对于这个问题，清朝皇帝是这么处理的：自从道光帝打破昭穆制度，他的儿孙们在选择陵址上，都是在东陵和西陵两处均备选，然后由皇帝本人最后决定使用哪处的备选吉地。也许有人还会问：清陵的昭穆制度是否就意味着名存实亡了呢？对于这个问题，严格来说，乾隆帝建立的昭穆制度自道光朝开始，已算是名存实亡，并没有很好地执行下去。若要换种角度来思考，乾隆帝之所以制定按昭穆顺序建陵，其本意就是怕冷落了东陵和西陵中的任意一处，只要他的儿孙不都是葬在东陵或西陵一处就可以。因此说，乾隆帝的昭穆制度后来虽未被执行，但在实际中还是有些影响力的，只要不是所有陵寝都建在一处，就算达到了预设效果。

按照以往在东陵和西陵均备选万年吉地的做法，光绪帝的陵寝选址也遵循了这个惯例，即在东陵和西陵都备选万年吉地，然后根据备选情况再决定在哪里建陵。

光绪三十四年（1908 年）十月二十四日，光绪帝死后的第三天，醇亲王载沣以宣统帝的名义发布一道上谕，令溥伦、陈璧带领堪舆人员前往东陵和西陵为光绪帝勘选万年吉地。溥伦、陈璧二人接到谕旨后，带领着堪舆人员到东陵和西陵界内勘选吉地。经过认真筛选，他们选出了四处地点，即东陵境内的兴隆台和长龙岭，西陵境内的丁家沟和九龙峪。

既然这些地点能成为万年吉地的备选地，那它们的风水、地势就应该有非同寻常之处。那么，有哪些亮点呢？风水官员在它们的风水说帖中是这么写的。

兴隆台的风水说帖如下：

兴隆台，自祖山起脉，右枝劈干横张，星峰兀起，迤十数里展开大帐，为一方面独尊之位。黄花山形具廉贞递前，剥换低峰，至大杏花山，结三吉星体。从左角挂落，群砂拱卫，连起三峰。左辅金星，中平过渡，迎送齐全，穿插明显，跌断柔和，层层开帐，桡棹直前。圆峰三起，由庚转辛，至主山处。金星端正，个字中抽，癸酉入首，轮影分明。双环蝉翼，穴结少阴。向立癸山丁向兼子午三分，丙子、丙午分金。三吉在前，对天台而耸秀；双溪合右，环坤纽而呈祥。诸峰罗列而朝宗；四势端严而和会。允称吉壤，宜卜崇封。

尽管兴隆台的风水被描述得如此之佳，但实际上也有不足，并非十全十美。其不足之处是"东西砂体卑弱，砂外临大西河，将来夏令水势浩大，桥工未易保固"。

长龙岭的风水说帖是这么写的：

长龙岭，脉自黄花山起干，廉贞作祖，以琉璃屏为后，前有杏花山作帐，支撑堂案，宽大深藏。自中峰跌落，层级中抽。势若建瓴，勇往有无前之象；形如飘带，相从见突兀之尊。水合双溪，后作而前作会；山分两翼，南为列而北为托。局面横开，关阑严密。四山围绕；一脉独尊。穴结太阴，面对小杏花山。向立乾山巽向，兼亥巳三分，庚戌、庚辰分金。

长龙岭虽然可以称得上是上吉之地，但也有缺欠，那就是"堂局不太宏敞，大势逊于兴隆台，水口有出煞之吉，但稍可弥补"。

西陵境内的丁家沟说帖是这么写的：

丁家沟，龙自乾亥方起伏而来，俱结金水之体，势如飞蛾，个字中抽。由壬字方入手，再起星峰。金星端正，缠送砂全。轮影分明，到头结穴，太阴窝形，他山借助，众水回环，堂局完全，罗星周密。向立亥山巳向兼乾巽三分，丁亥、丁巳分金。四山息伏，见一脉之独尊；双护前随，如两班之拱列。低平远案，贵人特起，尖峰高耸。后龙金水，平开大帐。

丁家沟虽然也是备选吉地，但也有不理想之处，“微嫌来处稍单，前过重，虽有完全之势，惜非老干所钟”。

九龙峪的风水说帖则是这样写的：

金龙峪（笔者注：即“九龙峪”），脉起自后祖山，横开左帐，另起高峰，山势庄严，宛如宝殿。由中峰细抽一脉，天梯石磴，阶级分明。递下二三节后，自亥转壬，兀起寿星一山，备具左辅，土金形势，高圆端正，大帐平开，桡棹向前，直送到穴，班排衙列，枝脚整齐。由少祖山再转癸而入壬，每一转必有帐护。再由壬而入癸，山列峨眉，砂分蝉翼，环围轮转，穴结少阴。其承送到穴之牛角砂，完全脱化，都成阬壤。向立壬山丙向兼亥巳三分，丁亥、丁巳分金。离水坎山，局参既济；壬龙丙向，象合文明。山势逶迤，有雄峙一方之概；局形端正，综包藏四势之奇。左列旗枪，右张华盖。水环流而清晏，砂朝拱以伏从。起挟飞鸣，落如翔集。定一尊之全局，无涓派之斜趋。斯实乾坤灵秀之区，阴阳合会之所。龙、穴、砂、水无美不收，形势理气为诸穴冠。

就上述风水说帖而言，风水官员最看好的是九龙峪，称之为“不可多得的上吉之壤”。

九龙峪在同治年以前叫“魏家沟”。到同治年间才改名为“九龙峪”。光绪十三年（1887 年），光绪帝在慈禧训政下亲政后，慈禧带着光绪帝到西陵祭陵，顺便为光绪帝相度万年吉地。经过反复踏勘，初步看上了九龙峪，立了石柱，改名为“金龙峪”，还绘制了《金龙峪金星宝盖图》。但之后还是放弃了这块吉地，放弃的原因尚不清楚。在这之前的光绪元年（1875 年），九龙峪曾入选同治帝陵寝备选吉地，在与东陵双山峪二选一中慈禧因情定陵穴，选择双山峪为同治帝的万年吉地，九龙峪因此落选。光绪帝死后，九龙峪则再次成为备选吉地。

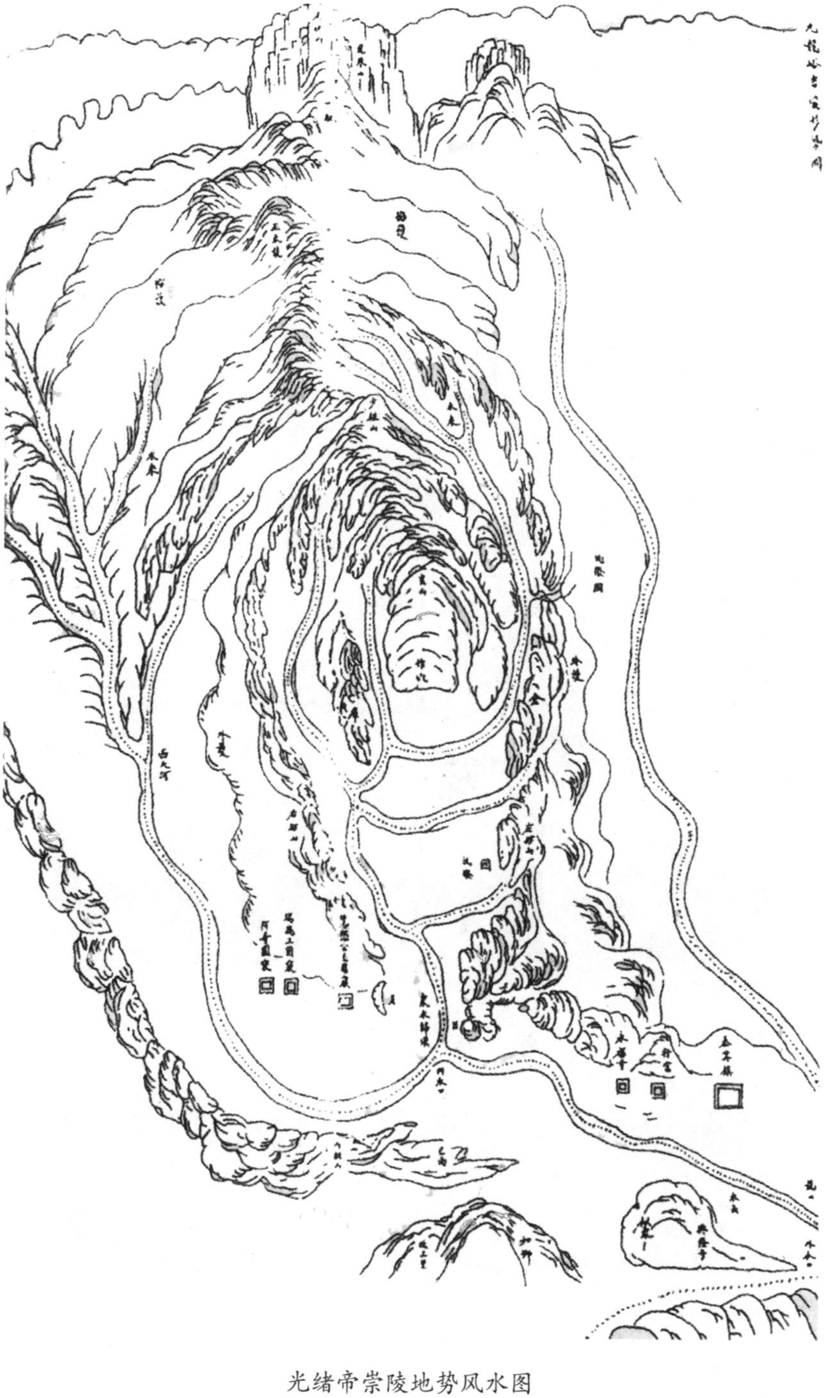

光绪帝崇陵地势风水图

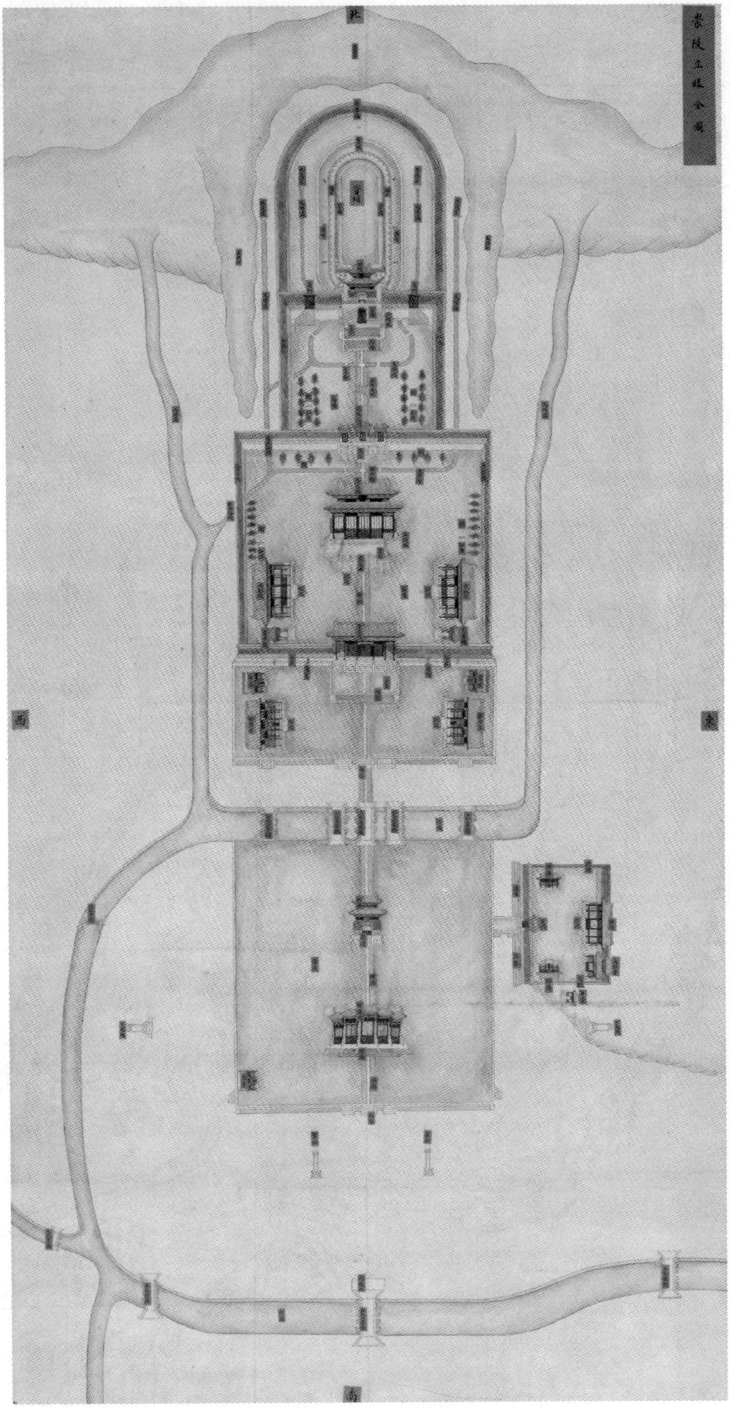

光绪帝崇陵立样全图

光绪三十四年（1908年）十二月十四日，金龙峪被正式确定为光绪帝的万年吉地，并确定陵名为“崇陵”，并派载洵、溥伦、载泽、鹿传霖为承修大臣，庆亲王奕劻会同办理。两天后的十二月十六日，庆亲王奕劻被任命为总稽查，不用参与“估修”。宣统二年（1910年）七月二十三日，又添派总管内务府大臣奎俊为承修大臣，负责崇陵的第四段工程。同年十一月二十八日，又增派署农工商部右侍郎溥善为承修大臣。

本来，清朝入关后，陵寝规制基本上都是沿袭着前朝陵寝规制营建，没有大的改变，代代如此。但是到了道光朝，道光帝表面上出于节俭，实则上是为了重新确立清陵规制，先是将建在东陵宝华峪的陵寝进行了部分修改和裁撤，后又出于崇慕关外祖陵简朴规制，将改建在西陵的慕陵规制大为改革：如神路不与泰陵神路相接；裁撤了圣德神功碑亭、望柱、石像生、二柱门、方城、明楼；隆恩门前的三路三孔拱桥改为一路三孔拱桥，两侧改建为五孔平桥；隆恩殿由重檐歇山顶五间改为单檐歇山顶三间带回廊，隆恩殿及月台周围的石栏杆被取消，月台上的铜鹤和铜鹿被换成了日晷和石幢；东西配殿由五间改为三间；隆恩殿和东西配殿的木料都是金丝楠木，不施彩绘，而是利用木植本色；隆恩殿、东西配殿及隆恩门墙体和整个陵墙采用磨砖对缝工艺；传统的琉璃花门三座改成四柱三间的石牌坊；陵寝后院收缩变窄；地宫由九券四门改为四券二门，地宫墙壁上取消了经文、佛像雕刻，地宫顶部由琉璃头停改为砖砌的蓑衣顶。

自道光帝的慕陵开始，形成了新的陵寝规制，并且他还希望自己的改革创新能成为后代清陵规制的新模式。

然而，道光帝所创立的这一全新规制并没有被他的子孙认可，他的儿子咸丰帝的定陵除了采用了慕陵的裁撤圣德神功碑亭、二柱门等部分做法外，其他的基本上还是按照祖陵规制营建，他的孙子同治帝的惠陵又是基本按照定陵规制营建。那么，光绪帝的崇陵又该按照哪种规制营建呢？

对于这个问题，光绪三十四年（1908年）十二月二十五日，监国摄政王载沣以宣统帝名义给予了明确的回答：

著恭照惠陵规制，敬谨兴修。

自崇陵陵址、陵名、规制确定后，下一步就是开工营建。

二、并不顺利的营建

虽然确定了金龙峪吉地的规制，但在实际施工过程中并不顺利，原因是遇到了两大难题，即土质低劣问题和被迫停工问题。这究竟是怎么回事呢？

在以往的数次相度中，金龙峪都没有成为万年吉地，其原因就是风水有不足之处，而这次之所以胜出，其主要原因就是相度大臣的鼎力推荐。然而，相度大臣的推荐也只是一种认可，并不代表这块吉地一定是真正的风水宝地。因为，实际上金龙峪的土壤质量低劣，并不如人愿，土层中或有巨石，或有砂石，或有积水，又是陵寝风水中的大忌，这会给施工带来很大的麻烦，以及建筑质量堪忧。对此，承修大臣载洵在奏折中写道：

> 第一段，地宫分位左右刨深之处，渐露巨石多处，凿打颇觉费力，且性颇潮湿，有无砂水，尚难预料。方城地基，土质近似砂石，将来打桩，诚恐不易着手。第二段，隆恩殿地基西北角近倚山根，迤逦东南，土石深浅不一，打桩试验，施工甚难。第三段，殿座之下，亦多见有砂石。第四段，自碑亭、牌楼门前，依次地势愈低，多有砂石、积水。

面对这些问题，朝廷也束手无策，只能令承修大臣自己想办法解决，来保证工程质量坚固。由此可见，金龙峪这次能作为万年吉地，其根本原因还是可选用的理想之地太少，除了它之外没有更好的地方，不得已选之。

尽管金龙峪不是最为理想的吉地，但既然已经选定了，为了早日建成陵寝，安葬光绪帝，承修大臣和施工方也只能“八仙过海，各显神通”，自己想办法解决。不管用什么办法，陵寝还是必须要建成的。然而，对于崇陵工程来说，施工困难还好解决，不好解决的则是——停工。

崇陵施工全图正面

崇陵东配殿施工图

众所周知，慈禧陵在重修过程中，因为八国联军入侵北京，部分侵略者流窜到东陵地区，曾使工程暂停、存银丢失。那么，光绪帝的崇陵又为何停工了呢？

原来，崇陵停工就是因为大清国灭亡了。国家都灭亡了，谁还给光绪帝建陵呢？拿什么来建陵呢？要说起这个问题，还得从光绪帝死后说起。

光绪帝死后，年仅 3 岁的溥仪以同治帝和光绪帝二人共同的继子的身份成为新皇帝。为了避讳，按照道光二十六年（1846 年）三月规定，溥仪名字的第二个字“仪”书写时最后一笔不写。溥仪的生父载沣虽然被封为监国摄政王，但慈禧在临死前对其权力设定了限制，“嗣后军国政事均由摄政王裁定，遇有重大事件，必须请皇太后懿旨者，由摄政王随时面请施行”，即大清国的重大事件还是必须由慈禧的侄女——隆裕皇太后决定。

光绪三十四年（1908 年）十月二十五日，定新皇帝年号为“宣统”。

光绪三十四年（1908 年）十一月初九日，新皇帝正式在太和殿登基，是为“宣统帝”。

隆裕皇太后与太监们

溥仪虽然正式当了皇帝，但由于年幼，大清国的实际掌权者为他的父亲监国摄政王载沣和隆裕皇太后，最高掌权者为隆裕皇太后。然而，隆裕皇太后是平庸无主见之人，但越是这样的人，却越是想证明自己的作用和价值，因此在载沣执政期间往往牵制载沣，制造矛盾和障碍。本来脆弱衰败的大清国就内忧外患、朝政不和，还加之狼子野心的袁世凯窥视政权，当这样的统治遇上国内新生政治力量的打击，其政治生命就走到了尽头。

就任大总统时的孙中山

6 岁的溥仪与隆裕皇太后（1911 年）

1911 年辛亥革命爆发后，轰轰烈烈的革命浪潮席卷了大半个中国，南方的十几个省份先后宣布独立，清军与革命军展开了激烈的战斗。1912 年 1 月 1 日，孙中山在南京宣布成立中华民国，组建了中华民国临时政府，改年号为“民国”。

面对全国的这种政治形势，清政府慌作一团，内部更加不团结，遭到解职的袁世凯被再次重用，然而他却以腿疾为由，百般刁难清皇室，以此获得更大的资本而任职内阁总理大臣，并组建新内阁。监国摄政王载沣与袁世凯是死对头，他认为哥哥光绪帝遭软禁是由于袁世凯的出卖，并且还感觉袁世凯是清皇室的最大威胁，但他又无法与隆裕皇太后有很好的合作。因此，当袁世凯被再次重用后，宣统三年（1911 年）十月十六日，载沣以“用人行政，多拂舆情，立宪徒托空言，弊蠹因而丛积，驯致人心瓦解，国势土崩以一人措施失当，而令全国生灵横罹惨祸”为由辞去监国摄政王职务。载沣的辞职，为袁世凯的阴谋扫清了障碍，令奄奄一息的大清帝国彻底走向了灭亡。隆裕

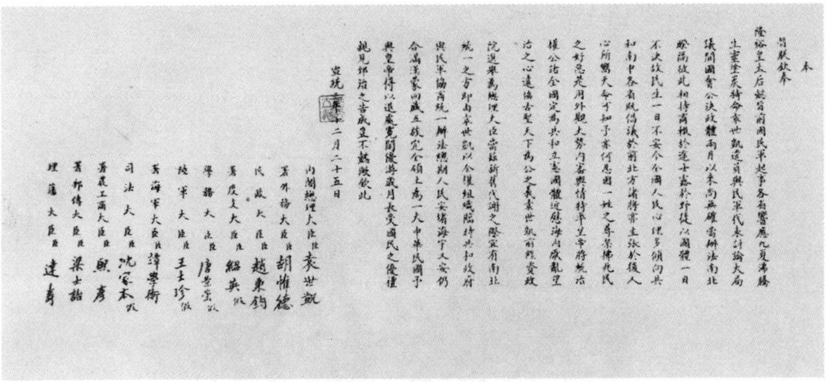
奉
旨朕欽奉
隆裕皇太后懿旨前因民軍起事各省響應九夏沸騰
生靈塗炭特命袁世凱遣員與民軍代表討論大局
議開國會公決政體兩月以來尚無確當辦法南北
暌隔彼此相持商輟於途士露於野徒以國體一日
不決故民生一日不安今全國人民心理多傾向共
和南中各省既倡議於前北方諸將亦主張於後人
心所嚮天命可知予亦何忍因一姓之尊榮拂兆民
之好惡是用外觀大勢內審輿情特率皇帝將統治
權公諸全國定為共和立憲國體近慰海內厭亂望
治之心遠協古聖天下為公之義袁世凱前經資政
院選舉為總理大臣當茲新舊代謝之際宜有南北
統一之方即由袁世凱以全權組織臨時共和政府
與民軍協商統一辦法總期人民安堵海宇乂安仍
合滿漢蒙回藏五族完全領土為一大中華民國予
與皇帝得以退處寬閒優游歲月長受國民之優禮
親見郅治之告成豈不懿歟欽此
宣統三年十二月二十五日
內閣總理大臣臣 袁世凱
署外務大臣臣 胡惟德
民政大臣臣 趙秉鈞
署度支大臣臣 紹英 假
學務大臣臣 唐景崇 假
陸軍大臣臣 王士珍 假
署海軍大臣臣 譚學衡
司法大臣臣 沈家本 假
署農工商大臣臣 熙彥
署郵傳大臣臣 梁士詒
理藩大臣臣 達壽

《大清皇帝退位诏书》

皇太后这个平庸软弱的可怜女人受身边太监小德张（又称“张兰德”）的诱惑，又在袁世凯的威逼下，代表清皇室于宣统三年十二月二十五日（1912 年 2 月 12 日）颁发《大清皇帝退位诏书》，宣布大清皇帝退位。至此，延续了 276 年的大清国灭亡了。

孙中山见宣统帝退位，便兑现了之前与袁世凯私下达成的协议，将临时大总统职务让予袁世凯。就这样，袁世凯使用阴谋手段窃取了革命成果，之后又使用阴谋在北京宣誓就职中华民国大总统。

由于大清国不存在了，正在营建的崇陵工程也就因此停工了。然而，根据民国政府与清皇室达成的《关于大清皇帝辞位之后优待条件》的规定，“德宗崇陵未完工程，如制妥修，其奉安典礼，仍如旧制。所有实用经费，均由中华民国支出。”因此，崇陵在 1912 年停工之后，又得以在 1913 年继续施工。当时，为了体现中华民国对崇陵工程的重视，袁世凯派遣国务总理赵秉钧负责崇陵工程事宜。然而，工程开工没多久又因费用问题再次停工，而这时隆裕皇太后也死了。为了赶快建陵，经中华民国国务总理赵秉钧与清室内务府大臣绍英协商，决定从民国政府优待逊清皇室的“岁费”中拨款继续开工。

赵秉钧（1859—1914 年），河南汝州人，在袁世凯担任中华民国大总统期间，被提拔重用为第三任国务总理。曾拟订警务章程，创设警务学堂，是中国近现代警察制度的创始人。

赵秉钧像

赵秉钧祠堂远景

在营建崇陵期间，赵秉钧发现梁格庄行宫对面的龟山南山坡是一处“风水宝地”，于是他将那里定为自己的墓地。宋教仁被暗杀之后，袁世凯为杀人灭口，将赵秉钧毒死，死后葬在他生前选定的墓地，他的墓地被称为“赵公祠”，现在还有遗址。

赵秉钧参与崇陵工程，方便了民国政府与清皇室的沟通，加快了崇陵的营建速度，但也造成了工程质量的低劣。很多地方都偷工减料，没有按设计要求施工，以至于崇陵建成后的质量不如以前的皇陵。维修崇陵海墁的散水发现，原本为三层砖三合土的海墁，只有一层砖。崇陵马槽沟石墙背面没有砖砌墙，而是填充着建筑垃圾，并且石墙的石条之间没有使用燕尾铁钉和铁扒锔子，所以一旦出现石块移位或坍塌，维修起来很是困难。但总体来说，崇陵至今为止还尚未出现很大的质量问题。

崇陵工程与惠陵工程一样，同样被分为四段，每段由一位承修大臣负责。承修大臣指定承包商后，工程的具体活计由每个承包商通过抓阄的方式确定，当时的承包商大多称为“木厂”。据 1913 年担任过驻守西陵禁卫军连长的杜如松回忆，承修崇陵的厂家有兴隆木厂、斌兴木厂、广丰木厂、德源木厂、广和木厂、二合公柜、三合公柜等 20 余家。工程开始时，仅有架子工和壮工数百名。至工程紧张时，每日上工总人数在 6000 人左右。施工区设有工程处，管理一切设施、运输等事宜，附设有监工、走工等组织。为了防火，由北京调来一个消防队中队，驻防工地。另由禁卫军设立弹压处，附设稽查班。每班由宪兵 2 名、禁卫军士兵 10 名组成，循着规定路线，昼夜巡查。尽管如此，工匠们还是联合起来举行了两次罢工，迫使工程方和木厂改善了施工条件，增加了薪水待遇。

三、陵寝规制及特点

崇陵工程于宣统元年（1909 年）二月初八日卯时破土，闰二月十七日兴工，1914 年底完工。如果只看工期是五年，不计算因停工而耽误的时间，实际施工时间也就大约四年。

据原勘估，崇陵工程工料折价实银 5517420 两 6 钱 4 分 3 厘，妃园寝工程共需工料折价实银 747757 两 3 钱 1 分，风水围墙等工程共需工料折价实银 79010 两 8 钱 3 分 9 厘，奉祀礼部营房等工程共需工料折价实银 219380 两 1 钱 4 分 9 厘，八旗营房等工程共需工料折价实银 244773 两 8 钱 1 分，内务府营房等工程共需工料折价实银 213124 两 1 钱 9 分 8 厘，绿营营房等工共需工料折价实银 203375 两 3 钱 9 分 3 厘，以上估计共需工料实银 7224842 两 3 钱 4 分 2 厘。所有工程实际花费有多少尚未查到。

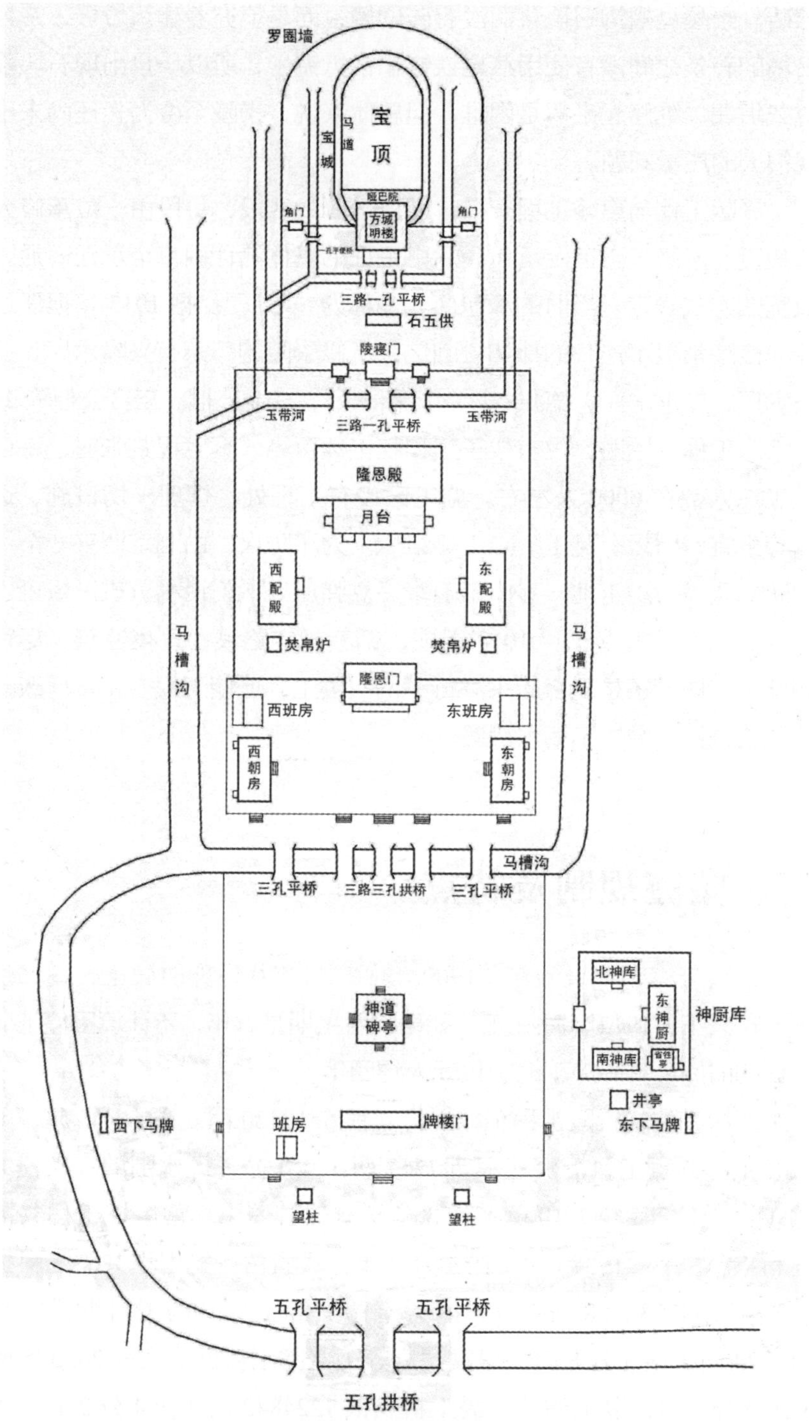

崇陵平面示意图（绘图：徐鑫）

通过这个记载可以发现，崇陵工程包括崇陵、崇陵妃园寝、礼部营房、内务府营房、八旗营房、绿营营房和风水围墙等项目。其中风水围墙建筑项目的产生，是因为崇陵等建在了原风水墙外。当崇陵等建好后将风水墙扩展，使其重新围在风水墙内，以保证与泰陵等清陵都在风水墙的保护范围内。

崇陵五孔拱桥

崇陵五孔平桥

崇陵西望柱

崇陵牌楼门南面西侧的班房

崇陵牌楼门

崇陵神道碑亭

崇陵三孔拱桥

崇陵三孔平桥

崇陵神厨库外景

崇陵井亭

崇陵井亭内的井

崇陵东朝房

崇陵东班房

崇陵隆恩门

崇陵焚帛炉

崇陵西配殿

崇陵隆恩殿

崇陵隆恩殿月台前的丹陛石

崇陵隆恩殿三暖阁和宝座

崇陵隆恩殿中暖阁内的神龛和宝床

崇陵隆恩殿西暖阁内的神龛

崇陵石五供

崇陵方城、明楼及礓礤

崇陵方城隧道券南口大门东扇

崇陵明楼

崇陵明楼硃砂碑

据实地调查，崇陵的建筑由南往北依次是：五孔拱桥 1 座、五孔平桥 2 座、望柱 1 对，望柱与五孔拱桥之间无神路；牌楼门 1 座，牌楼门前右侧值班房 1 座，面阔 3 间，坐西朝东，值班房建有后院；下马牌 1 对、神道碑亭 1 座、神厨库 1 座，神厨库南墙外为井亭；马槽沟上建有三孔拱桥 3 座、三孔平桥 2 座；东西朝房各 1 座，面阔各 5 间；东西班房各 1 座，面阔各 3 间；隆恩门 1 座，面阔 5 间；东西焚帛炉各 1 座，东西配殿各 1 座，面阔各 5 间，有前廊；隆恩殿 1 座，面阔 5 间；隆恩殿前是月台，月台前有 3 座踏跺，中座踏跺正中设有 1 块丹陛石，月台东西两侧各有 1 座抄手踏跺；隆恩殿后的玉带河上设有三路一孔平桥，陵寝门 3 座，每门前各有 1 座踏跺；石五供 1 座；石五供北的玉带河上设有三路一孔平桥；方城东西两侧有面阔墙 1 道，面阔墙各辟有随墙门 1 座，门前设有贴墙踏跺；方城前有月台，月台前设有礓礤一座，月台及礓礤两侧设有石栏杆；方城之上为重檐歇山顶建筑——明楼；方城北为哑巴院；哑巴院之北为长圆形宝城，宝城正中是宝顶，宝顶下是地宫。

崇陵神路不与泰陵神路相接。

崇陵东暖阁佛楼

下面，简单介绍一下崇陵的这些建筑。

五孔拱桥。陵前的第一座建筑是 1 座五孔拱桥，二十四气式柱头。桥孔为石券，每个桥孔上方有吸水兽。五孔拱桥的东西两侧各有 1 座五孔平桥，这两座平桥与拱桥是对称关系。

望柱。五孔拱桥北约 200 米处，左右各有 1 根青白石雕刻的望柱。每根望柱用石栏杆围绕，栏板和小望柱各 4 个，柱头为狮子。

牌楼门。望柱北面中轴线上是 1 座冲天式牌楼门，规制为五门六柱五楼。每根石柱顶端都有蹲龙。东三柱的蹲龙头朝西，西三柱的蹲龙头朝东。每个门原来都安装木门两扇，现在已无存。

班房。牌楼门南面西侧的海墁上有 1 座值班房，坐西朝东，单檐硬山卷棚顶，面阔 3 间，专为看护牌楼门的官兵值班用的。这是在清陵中唯一幸存下来的牌楼门值班房。

下马牌。位于牌楼门的东西两侧，牌身正面分别用满文、蒙古文、汉文三种文字镌刻“官员人等至此下马”，满文居中，蒙古文、汉文字分居左、右，字体大小一致。牌身背面无字。

神道碑亭。位于牌楼门以北的神路上，重檐歇山顶。亭内龙首龟趺上竖立神道碑一统，用满文、蒙古文、汉文三种文字镌刻着“德宗同天崇运大中至正经文纬武仁孝睿智端俭宽勤景皇帝之陵”27 个字，碑身上钤盖“宣统尊亲之宝”6 字宝文。这是雍正帝首创皇帝陵三匾二碑[①]钤盖“尊亲之宝”制度以来，除了惠陵之外，崇陵最后执行了这项规定。水盘四角的旋窝内分别雕刻鱼、龟、虾、蟹。

神厨库。在神道碑亭的东侧即左侧建有神厨库，内建神厨 1 座，面阔 5 间，单檐悬山顶。南北神库各 3 间，单檐悬山顶。东南角建省牲亭，重檐歇山顶，环以围墙，围墙西侧建门楼 1 座。神厨库南墙外为井亭，四角攒尖顶，亭内有井一眼。三路三孔拱桥。神道碑亭北有马槽沟 1 道，上建三路三孔拱桥，栏杆为龙凤柱头。每个拱券式桥孔上方都设有吸水兽。三路三孔拱桥两边各建三孔平桥 1 座，每座平桥都安设栏板。

三孔拱桥的桥北为大泊岸，泊岸前有垂带踏跺 5 座，正中间的踏

① 三匾二碑，三匾是指隆恩门斗匾、隆恩殿斗匾、明楼斗匾，二碑是指神道碑、硃砂碑。

跺较大，两侧的踏跺较小。每座踏跺分别对着马槽沟上的每座桥。

东西朝房，位于大泊岸之上的东西两侧，单檐硬山顶，面阔各5间。

东西班房，位于东西朝房的北面，单檐硬山卷棚顶，面阔各3间。后面有小院。这小院是按照惠陵规制所建，与西陵的其他值班房规制不一样。

隆恩门，俗称宫门，单檐歇山顶，面阔5间，门3个。隆恩门前后有连面踏跺。隆恩门前有月台，月台前是石礓礤，两侧有抄手踏跺。中门上方南侧悬挂斗匾1块，用满文、蒙古文、汉文三种文字题"隆恩门"3字。匾上有"宣统尊亲之宝"6字宝文。

东西焚帛炉。进入陵院内，隆恩门北的东西两侧各1座焚帛炉，外饰黄色琉璃件活，内装铁板。

东西配殿。位于焚帛炉的北面，单檐歇山顶，面阔各5间。东配殿是存放祝板和制帛的地方，也是隆恩殿在大修时临时存放神牌、进行祭祀的地方。西配殿是喇嘛念经的地方，每年帝、后素服日（忌辰），西陵永福寺派13名喇嘛在西配殿诵读满洲版《药师经》，以祭祀和超度亡灵。

隆恩殿。是与隆恩门正对的高大建筑，重檐歇山顶，面阔5间。殿前月台上面原设鼎式炉1对、铜鹿1对、铜鹤1对（现在这些陈设都已不存在）。月台有踏跺5座，其中正前方3座踏跺，中间踏跺正中设有丹陛石1块。月台周围设有石栏杆，龙凤柱头。殿的南侧上下檐之间悬挂斗匾1块，用满文、蒙古文、汉文三种文字题"隆恩殿"三字。匾上有"宣统尊亲之宝"6字宝文，字为铜镀金字，用小铜针钉在匾上的。殿内设暖阁3间，中暖阁供奉帝、后神牌，东暖阁为佛楼，西暖阁设有神龛。

这里需要指出的是，崇陵隆恩殿东暖阁的佛楼，目前的佛像是现代人为了旅游的需要塑造的，并不是原来的佛像。崇陵隆恩殿东暖阁佛楼所藏除了佛像外，还应该有一些佛画像轴及其他一些物品。

隆恩殿后有玉带河1道，上设便桥3座。地宫龙须沟的出水口设在这道玉带河北侧的泊岸上。

陵寝门，又称三座门、琉璃花门。单檐歇山顶，中门规制较高，两旁门规制相同。中门门踩上镶嵌琉璃的中心花、岔角花。

石五供，由祭台和五供组成。五供即石香炉 1 个、石花瓶 2 个、石烛台 2 个。石五供位于方城之前、院内神路正中。

石五供以北有玉带河一道，正面设便桥 3 座。玉带河往北两条分河上各设 1 座小便桥。

方城。玉带河北面是方城，方城前的月台两侧安设石栏杆。月台前设有 1 座大礓礤，礓礤为澄浆砖所砌，分上下两部分，中间设 1 个叠落月台，两侧也安设石栏杆。方城为墩台式方形建筑，顶部东南西三面做雉堞，北面成砌宇墙。台面铺墁方砖。雉堞内侧脚下设青白石荷叶沟。方城每侧设挑头沟嘴各 1 个，以排除方城上的雨雪水。

哑巴院、月牙城。在方城的北面，方城与宝城之间有一个小院子，称为哑巴院。

清陵哑巴院、月牙城是仿照明十三陵中的昭陵哑巴院、月牙城的规制。哑巴院的北面就是宝顶，月牙城相当于宝城的南墙。院内的北墙上建有一座琉璃影壁，东西两侧各有 1 座转向磴道。哑巴院内地面上还设有 2 个七星沟漏，以排出院内雨水。哑巴院的主要作用有两个，一是此院内的琉璃影壁下面是地宫入口；二是此院建有登上方城、宝顶的转向磴道。

明楼。位于方城之上，形制与神道碑亭相仿。明楼南面两檐之间悬挂斗匾 1 块，上面分别用满文、蒙古文、汉文三种文字题“崇陵”二字。和隆恩门、隆恩殿的斗匾上的字一样，均满文居中，蒙古文在左，汉文在右，每个均为镀金铜字，用铜钉钉到匾上。匾上有“宣统尊亲之宝”6 字宝文。明楼内正中立石碑 1 统，因碑身四面均涂以红色硃砂，故称之为硃砂碑。碑身的阳（南）面用满文、蒙古文、汉文三种文字镌刻“德宗景皇帝之陵”7 个字，还有“宣统尊亲之宝”6 字宝文。碑额上也用满文、蒙古文、汉文三种文字镌刻“大清”两字。碑座为长方形须弥座形，上刻袱子。袱子，相当于现在桌子上的台布，四角下垂，上面雕刻云龙。

宝城。与方城相连接的长圆形墙体建筑，被称为宝城，宝城外沿做雉堞，内沿砌宇墙，中间是马道。雉堞内侧下脚设青白石荷叶沟。宝城周围设 6 个挑头沟嘴，以排出宝城宝顶上的雨雪水。

宝顶。宝城正中是宝顶，崇陵宝顶为长圆形，四周环以宝城，宝顶下面是地宫。

虽然崇陵是按照惠陵规制建的，但在局部上也有自己的改革和创新。现在将崇陵与惠陵的不同之处列举如下。

1. 崇陵五孔拱桥两侧的五孔平桥与拱桥的位置关系是对称的；而惠陵五孔拱桥两侧的五孔平桥与拱桥的位置关系是不对称的。

2. 崇陵望柱石栏杆上的小石狮子，两只头朝东，两只头朝西；而惠陵望柱石栏杆上的小石狮子，两只朝南，两只朝北。

3. 崇陵下马牌的正面有满文、蒙古文、汉文三种文字题“官员人等至此下马”8 字，但背面却没有字；而惠陵下马牌正反两面都有字。

崇陵东下马牌

4. 崇陵和惠陵隆恩殿内 4 根钻金柱的图案不一样：崇陵隆恩殿的钻金柱是沥粉盘龙；而惠陵隆恩殿的钻金柱是缠枝莲花。

5. 崇陵和惠陵地宫龙须沟出水口都设在陵寝门前玉带河的石壁上，崇陵地宫龙须沟出水口图案是圆形的一条张口的正龙，没有凤；而惠陵地宫龙须沟出水口的图案是圆形的龙凤呈祥。

6. 崇陵石五供的 5 件器物，其中两个花瓶和两个烛台都是方体；而惠陵石五供的 5 件器物都是圆体。

7. 崇陵和惠陵哑巴院内的转向磴道虽然均是石踏跺，但崇陵的转向磴道贴墙那边建有女儿墙；而惠陵的转向磴道贴墙那边没有建女儿墙。

8. 崇陵地宫棺椁使用了龙山石（又称“卡棺石”），龙山石上彩绘图案；而惠陵地宫的棺椁没有使用龙山石。

崇陵隆恩殿内盘龙金柱

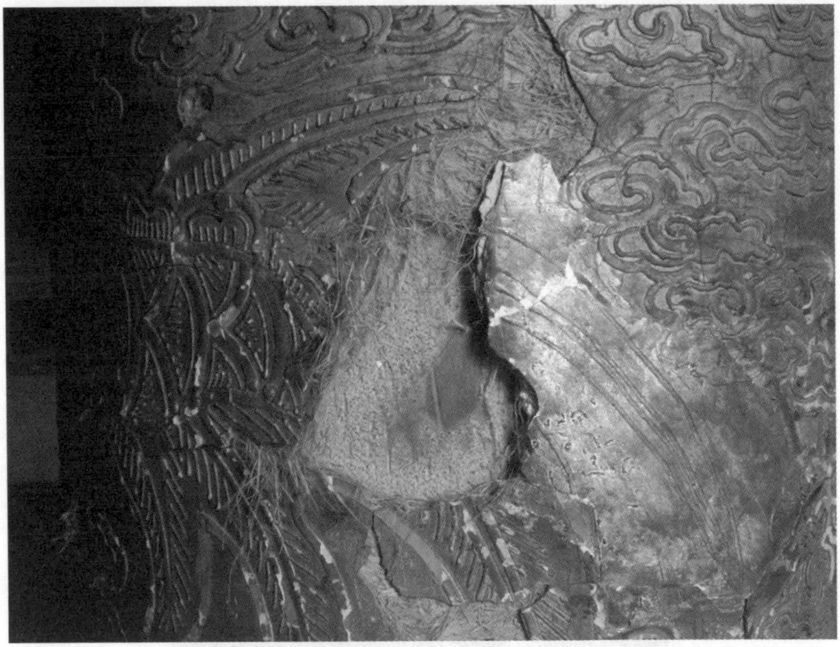

崇陵隆恩殿金柱细部

崇陵陵寝门前玉带河、地宫龙须沟出水口及便桥

崇陵地宫龙须沟在陵寝门前玉带河内的东面出口

崇陵石五供

崇陵哑巴院内的转向蹬道

崇陵地宫金券内的龙山石

崇陵神道碑

崇陵明楼硃砂碑上的“宣统尊亲之宝”6字宝文

9. 崇陵的神道碑、硃砂碑、隆恩门斗匾、隆恩殿斗匾、明楼斗匾上均钤盖“宣统尊亲之宝”6 字宝文；而惠陵上述碑匾上没有宝文。

10. 崇陵和惠陵宝顶的使用材料也有所不同。据清西陵专家邢宏伟介绍，崇陵宝顶使用的材料中含有水泥成分，水泥当时被称为“洋灰”；而惠陵宝顶使用的是三七灰土。

11. 崇陵的两组册宝座设在金券；根据档案得知惠陵册宝座，设在明堂券内。

除了不同之处，崇陵和惠陵还有相同点，如大件木料使用的都是进口木料——桪楠木。这种木料颜色黑重，不易燃烧，不怕水泡，比重大，易沉水，坚硬无比，非利刃不能克也，民间称之为“铜铁操”“铁刀木”。

崇陵与泰陵和昌陵相比较，不同点是崇陵没有建圣德神功碑亭、晾奶房，宝顶为长圆形，泰陵和昌陵建有圣德神功碑亭、晾奶房，宝顶为近乎圆形；相同点是下马牌均是正面有字、背面没字。慕陵规制特殊，但也建有晾奶房，下马牌正、背两面都有字。以上这些是崇陵与清西陵其他三座帝陵的大体区别。

第三章

死后之事

光绪帝生前虽然是傀儡皇帝，但死后丧事礼仪却一点不少。生前最不喜欢的皇后最终还是与他一起葬入地宫，姻缘在阴间继续。在光绪帝葬入地宫时，令人意想不到的是，竟然有一位大臣要为他陪葬。

一、葬入地宫

光绪帝死后，他的丧礼按照固定程序按部就班地进行着。因为当时尚未建陵，所以光绪帝梓宫在经过一段时间停灵后被临时奉安在清西陵的梁格庄行宫正殿。这一过程大体如下：

光绪三十四年（1908 年）十月二十二日卯时，宣统帝在涵元殿恭视大行皇帝小殓。小殓后的光绪帝遗体用灵驾送到乾清宫西次间。宣统帝剪掉发辫、穿上孝服，亲王以下文武大臣也都穿着孝服。众人按照职位排列，一起举哀，宣统帝号啕大哭，最为悲痛。宣统帝恭视大行皇帝大殓毕，奉安梓宫于乾清宫正殿，率领众臣行殓奠礼。

光绪帝死后的穿戴和随葬品大致如下：

> 大行皇帝升遐，戴去天鹅绒冠一顶，身穿绛丝棉金龙袍、石青绛丝棉金龙褂、月白春绸面白纺丝里小棉袄、月白春绸棉裤、月白春绸中衣带、月白春绸套裤、白纺丝棉袜、青江绸凉里尖靴。金箔朝珠绿玉佛头塔、珊瑚记念、银镀金镶珠、碧玹背云、大小坠解小珠四颗，腰束白玉镶红碧玹线带，随银镀金带挎钩一对。黄妆缎

大褥一床、黄妆缎棉被一床、黄妆缎大枕头一个、珊瑚朝珠一盘绿玉佛头塔、记念银镀金镶绿玉背云、黄碧玹大坠角、红宝石小坠角、加间小珠四颗、红碧玹豆八个、伽楠香朝珠一盘、木子朝珠一盘、各种衣服五十一件、绿玉佛手簪一支上拴单挂流苏一挂，珊瑚托，二色碧玹荷莲一件，绿玉葫芦一件，瓜式挑牌，碧玹蓝宝石坠角，大东珠一颗，饭块珠八颗、雕绿玉杵杆一支上拴单挂流苏一挂，红碧玹长字一件，珊瑚宝盖结，绿玉荷叶挑牌，红碧玹蓝宝石坠角、大饭块珠一颗，小饭块珠八颗、镀金镶绿玉活环圣手折篮一支上拴大茄珠坠角一颗，红碧玹莲花宝盖，绿玉叶，正珠一颗、镀金镶绿玉活环圣手折篮一支上拴单挂流苏一挂，红碧玹花篮一件，绿玉吉庆挑牌一件，红碧玹绿玉坠角，小正珠二颗，珍珠十五颗，挺上镶红碧玹蝠一件、镀金点翠佛手九连环簪一支上镶茄珠一颗，葫芦正珠一颗、镀金点翠镶绿玉佛手金九连环簪一支上拴绿玉红碧玹竹梅米珠穗，花篮一件，珍珠二颗，真石坠角、镀金镶绿玉佛手簪一支上拴单挂流苏一挂，珊瑚花篮，绿玉长字，红碧玹喜字，绿玉坠角，草葫芦一件，小正珠二颗、镀金点翠佛手九连环簪一支上拴镀金点翠花篮，红碧玹坠角，珍珠四颗、镀金点翠佛手九连环簪一支、金镶珍珠佛手簪四支各上镶宝石二件，绿玉叶，挂流苏一挂，红碧玹蝠，绿玉花篮，紫宝石坠角，绿玉宝石珍珠三颗、各样暖香石子玩物，红碧玺万福暖手五件内有三阳开泰一件。

光绪三十四年（1908 年）十一月十六日，恭移大行皇帝梓宫安奉景山观德殿。

光绪帝大丧本是庄重肃穆的事情，然而却有些大臣在光绪帝梓宫前祭祀焚烧朝冠时说笑，还有几名轿夫互相拥挤观看。对于这些有辱先帝的不礼行为，大臣恽毓鼎看在眼里，痛在心上，于是将此事上奏。接到这样的奏报，朝廷很是重视。十二月初二日，朝廷决定派两名御史监督祭祀典礼，并令民政部制定相关管理办法。

正月二十八日，给光绪帝上尊谥“同天崇运大中至正经文纬武仁孝睿智端俭宽勤景皇帝”，庙号“德宗”。光绪帝死后，一直被称为“大行皇帝”，意思是远行皇帝。当他有了谥号和庙号之后，他就不再被称为“大行皇帝”，而是称“德宗景皇帝”。

观德殿远眺

奉移途中的光绪帝梓宫

光绪帝梓宫由北京奉移到梁格庄行宫的行程安排，于宣统元年（1909 年）正月初七日公布如下：

三月十二日，光绪帝梓宫奉移西陵暂安，所有经由道路，著各该衙门及直隶总督敬谨豫备；是日，“皇太后恭送梓宫礼毕，于十三日启銮，乘坐火车行抵梁格庄行宫驻跸，勿庸另备跸路”；十四日，皇太后“恭谒各陵”；十五日，光绪帝梓宫暂安礼成；十六日，皇太后“仍乘火车回銮”。

由于此次光绪帝梓宫“系属暂安”，年龄尚小的宣统帝不适合远行护送，所以只是安排送行，并未安排同行。

光绪帝梓宫发引时的执事

清西陵行宫正殿内曾停放光绪帝、孝定景皇后梓宫

梁格庄行宫大殿内景，曾停放光绪帝、孝定景皇后梓宫

举行光绪帝奉安大礼时，宣统帝并未参加，其礼仪程序应该与礼制有所不同，具体礼仪过程目前尚未清楚。但按照以往礼仪，皇帝梓宫奉安地宫的具体过程如下。

皇帝梓宫入葬前三天，分别遣官告祭天、地、太庙、社稷。入葬前一天，行迁奠礼。这一天，法驾卤簿全设，诸皇子及御前大臣列于隆恩殿前月台上，亲王以下、入八分公以上王公列于隆恩门外月台上，内大臣、侍卫列于月台下，未入八分公及满汉文武官员在东西朝房前按翼排立。届时，嗣皇帝到梓宫前东旁立，西向举哀。尚茶正跪献奶茶，嗣皇帝举茶，奠于案，行一拜礼，众随行礼。然后，尚膳正进膳，嗣皇帝亲上食。毕，执事官进奠几，读祝官捧祭文恭读。哀止，嗣皇帝及众大臣跪听。读罢祭文，继续举哀。嗣皇帝祭酒三爵，每祭一拜，众官随行礼。读祝官捧祝文，内监捧冠服箧出殿中门，到纸锞堆处安放。嗣皇帝提前出隆恩殿，在路旁跪候祝文、冠服箧过，随后行，众官也随行。嗣皇帝到纸锞堆旁奠酒处跪，众官在纸锞堆两旁稍远处跪。嗣皇帝祭酒三爵，每祭行一拜礼，众官皆随行礼。嗣皇帝稍后立，举哀。递酒杯大臣将酒浇灌毕，纸、锞、祝文、冠服暂不焚化。嗣皇帝回幄次小息，王公大臣回原处排立。执事人员进隆恩殿，将梓宫前的五供、香几、桌张等撤下，把梓宫抬放在小杠上。嗣皇帝在梓宫前举哀，祭酒三爵，每祭行一拜礼。众皆哭，随行礼。梓宫由殿中门出，从中阶下，从殿东旁行，进陵寝门中门。嗣皇帝在陵寝门内跪迎，候过，起立，回幄次小息。工部事先在方城券门洞外搭盖芦殿，方城前接搭平台，平台前及陵寝门前搭戗桥。梓宫由戗桥上平台，进芦殿，安放在龙辅（笔者注：龙辅是运载棺椁进入地宫的专用车）上，北向。梓宫旁陈放册、宝，前设桌案，摆放祭品。礼部堂官奏请嗣皇帝到梓宫前祭酒三爵，每祭行一拜礼，众官随行礼。礼毕，嗣皇帝回行宫。执事人等在銮仪卫校尉率领下，将大行皇帝的卤簿仪仗送到碑亭前纸锞堆处，同祭文、冠服一同焚化。

翌日，是梓宫正式入葬地宫的日子。文武百官齐集，奉册、宝大臣提前将册、宝放置在地宫内左右石几上。嗣皇帝在梓宫前举哀，祭酒三爵，每祭行一拜礼，众官随同举哀、行礼。

钦天监官员报吉时到，嗣皇帝恭引载着梓宫的龙辅缓缓进入地宫。太监在前面持灯引导，经嗣皇帝批准随入地宫的王公大臣在龙辅后随行。地宫内各券门内外地面都铺有与门槛等高的木轨，这样就可以使龙辅通过各道门时平稳无阻。嗣皇帝敬视梓宫永安于宝床之上后，退出地宫，众大臣也随着退出。执事人员及工匠安好龙山石，取出木轨，掩闭石门，填砌隧道。嗣皇帝到石五供前举哀，祭酒三爵，每祭行一拜礼，众大臣随同举哀、行礼。是日，以永安大典礼成，遣官告祭各陵及后土之神、山神。至此，皇帝永安山陵大典全部结束。

光绪帝梓宫奉安仪式与此应有所不同，但也大同小异，不会有太大的差别。

光绪帝梓宫奉安地宫是在清朝灭亡后的1913年12月13日，当时崇陵尚未全部完工。与光绪帝梓宫一同葬入地宫的还有他的皇后——孝定景皇后（即隆裕皇太后）。

二、与他合葬的皇后

提及“孝定景皇后”这个称呼，知道的人恐怕不多。但如果提“隆裕皇太后”这个称呼，知道的人就会很多了。其实，这两个称呼指的是同一个人，即光绪帝的皇后。“孝定景皇后”是她死后的谥号，“隆裕皇太后”是她生前的徽号。

孝定景皇后，叶赫那拉氏，满洲镶黄旗人，生于同治七年（1868年）正月初十日，生父桂祥，慈禧的亲侄女，比光绪帝大3岁。在慈禧的授意下，光绪十四年（1888年）九月二十八日，光绪帝将镶玉如意交给了叶赫那拉氏。光绪十五年（1889年）正月二十六日，尚未进宫的叶赫那拉氏被册立为皇后。光绪十五年（1889年）正月二十七日，叶赫那拉氏与19岁的光绪帝大婚，在坤宁宫洞房行了合卺礼。婚后住在钟粹宫，那年她22岁。由于光绪帝知道她是慈禧的侄女，大婚后的叶赫那拉氏并不得宠，光绪帝喜欢的是珍嫔（即后来的珍妃）。出于女人间嫉妒、吃醋的本能，叶赫那拉氏经常在既是姑姑又是婆婆的慈禧面前打小报告，哭诉自己的委屈。于是，珍妃不仅挨打、位号降低，后来还被关了起来，最后惨死井中。也许正因为皇后是这样的一个人，她出名了。

孝定景皇后像

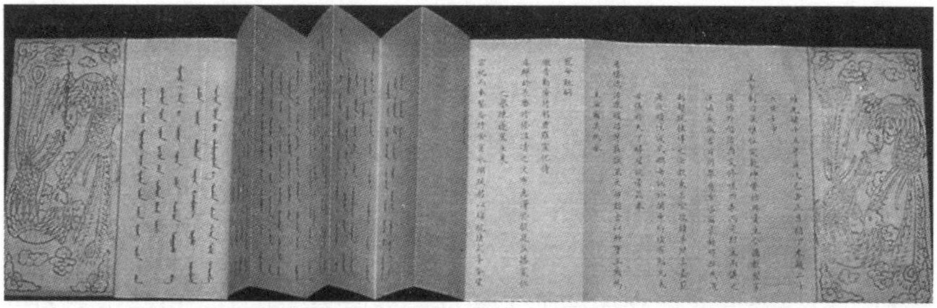

光绪十五年（1889 年），封桂祥之女叶赫那拉氏为皇后之册文

长春宫前殿

对于这个女人的出名，笔者认为原因有两个，其一她是慈禧的亲侄女，嫁给光绪帝后却与光绪帝同床异梦、夫妻不和，而且还替慈禧监督光绪帝；其二她当上皇太后之后，无能掌控政权，宠信太监小德张，还干扰政治，最后颁布了《大清皇帝退位诏书》，成为亡国的一代名人。

隆裕皇太后是一个平庸的女人，胆小又怕事，当真正因丧失政权而成为普通妇女的时候，每想到以往的风光和权势，她也知道自己是大清国的罪人，亲手断送了大清朝，对不起列祖列宗，死后无脸面见先人。因此，除了平时尽心尽力抚养溥仪外，大多时日都是郁郁寡欢的，最后忧郁成疾，于 1913 年 2 月 22 日凌晨，病死在长春宫，终年 46 岁。死的当天，遗体被送到皇极殿，大殓之后停灵于此。大殓之后的梓宫里除了躺着一位皇后，还装满了各种随葬品：

金累丝点翠镶珠石长寿花寻常钿一顶、大正珠帽花一件、红碧玭褂钮一副、正珠朝珠一盘、镀金镶正珠钻石钳子一副、大正珠钉一号、汉玉针一件、莲花鞋一双上钉大正珠一百三十八颗、汉玉珞子二件、汉玉针一件、汉玉琴扫一件、汉玉乳钉带结子一件、白玉杵一带、雕白汉玉暖手一件、洋金镶钻石表一件、带八音金表一件、珊瑚雕寿字朝珠一盘、红碧玖朝珠二盘、绿玉朝珠一盘、正珠念珠二盘、绿玉圆镯一对、绿玉蒲镯一对、绿玉挑杆一支、镀金镶黄碧玖圣手折篮一支、洋金镶紫宝石镏子一件、洋金镶珠石瞥针一件、洋金镶白钻石蛇紫宝石抱头莲一支、洋金镶白钻石子母绦软镯一支、金镶正珠软镯一对、洋金带链镶珠石镯一对、洋金镶钻石宝石镏子一件、洋金镶子母绿镏子一件、洋金镶绿玉镏子二件、横绳子钉洋金镶钻石帽花十一件、雕汉玉螭虎双套环一件、绿玉烟壶二件、红碧烟壶二件、旧玉烟碟二件、金烟碟一件、金球一对、镀金镶绿玉一轮太平车一件、明黄石青江绸绣棉龙袍褂一套、明黄石青江绸绣夹龙袍一套、雪灰缎棉衬衣三件、蓝缎棉衬衣一件、驼色缎棉衬衣一件、灰色缎棉衬衣五件、湖色缎棉衬衣二件、绛色缎棉衬衣一件、蓝绉绸棉衬衣一件、月白绉绸棉衬衣一件、蓝缎夹衬衣二件、绛色缎夹衬衣一件、灰色缎夹衬衣一件、驼色缎夹衬衣一件、湖色缎夹衬衣三件、雪灰缎夹衬衣一件、湖色缎绣夹半宽袖二件、绛色缎绣夹马褂一件、湖色缎绣夹马褂一件、蓝缎绣夹紧身一件、月白缎绣夹紧身一件、月白缎绉绸斗篷一件、湖色缎棉马褂一件、绛色缎棉马褂二件、灰色缎棉马褂一件、驼色缎棉马褂一件、绛色缎夹马褂一件、灰色缎夹马褂一件、蓝缎夹马褂一件、月白缎棉紧身一件、灰色缎棉紧身一件、蓝色缎棉紧身一件、蓝缎夹紧身一件、月白缎夹紧身一件、灰色缎夹紧身三件、湖色缎夹紧身一件、绛色缎夹紧身一件、雪灰缎夹紧身一件、青色缎夹紧身一件。

生前虽贵为皇后，她也渴望婚姻和政治生活都美好，然而实际上却是悲剧人生，这种悲剧最终也只能是以死的方式结束。

1913 年 3 月 31 日，溥仪尊隆裕皇太后谥号为“孝定隆裕宽惠慎哲协天保圣景皇后”，简称“孝定景皇后”。

隆裕皇太后的去世得到了民国政府的重视，以国丧大礼为其办理丧事，袁世凯下令全国降半旗致哀三日，文武官员穿孝二十七天，参议院于 2 月 26 日休会一天。2 月 28 日的祭奠之日，丧礼达到最高峰，袁世凯臂戴黑纱亲自致祭，出赙金三万元，国务总理赵秉钧等民国要员也纷纷前往祭奠。许多军政大员致电清皇室，其中副总统黎元洪在唁电中称赞隆裕皇太后为“德至功高，女中尧舜”。在参议院议长吴景濂的提议下，民国政府于 3 月 19 日在太和殿为隆裕皇太后召开了国民哀悼大会。各国驻京使馆也派人前来吊唁，并令使馆国旗半降致哀。

皇极殿

为隆裕皇太后举行哀悼会的太和门

隆裕皇太后于 1913 年 2 月 22 日病逝，这是举行哀悼会时天安门前的情况

隆裕皇太后出殡

隆裕皇太后梓宫被送上火车

隆裕皇太后梓宫在火车上

隆裕皇太后的发引日期是1913年4月3日，梓宫从停灵处奉移至陵寝。奉移时由民国政府的仪仗队、军乐队前引，传统的皇家执事随后。八十人的“落地满黄”“皇杠”[①]抬着隆裕皇太后梓宫一直送至前门火车站，安放在慈禧曾经使用的专列上，当天下午到达西陵梁格

① 即黄杠、黄罩、黄杠绳、杠夫戴的青荷叶帽插着黄雉翎，举黄色白光的拨旗，上书“恭奉暂安”字样。

庄行宫，与光绪帝梓宫一起暂安正殿，光绪帝梓宫位于正中，隆裕皇太后梓宫居左，等着一起葬入崇陵地宫。生前的一对冤家，死后终于又成为眷属了。

隆裕皇太后是清朝唯一一位死后棺椁使用火车拉到陵寝的皇后。

三、想要陪葬的老头

崇陵地宫葬有光绪帝和孝定景皇后，这是大家都知道的。然而在他们葬入地宫时却发生过一件鲜为人知的事，有一个老头在奉安典礼快要结束时却要为光绪帝陪葬在地宫里。这个如此忠心的人是谁呢？他就是清朝遗臣梁鼎芬。

梁鼎芬像

梁鼎芬（1859—1920年），字星海，号节庵，生于咸丰九年（1859年），广东省番禺县人。他少年得志，博学且有奇才，但性格十分怪异，是晚清著名的“一根筋”，人称“梁疯子”。光绪六年（1880年）中进士，授编修。中法战争时，他弹劾北洋大臣、大学士李鸿章，以妄劾罪被交部严加议处，降五级调用。他与张之洞关系甚密，是张之洞的重要幕僚，深得张之洞的重用。后来，经端方、张之洞推荐，梁鼎芬先后任知州、知府、道员、按察使、署布政使。光绪三十二年（1906年）入觐时，他当着光绪帝的面弹劾庆亲王奕劻收受贿赂。他还弹劾直隶总督袁世凯，以至于在民国初年差点遭到刺杀。光绪三十四年（1908年）十月，光绪帝和慈禧相继崩逝，梁鼎芬曾“赴阙哭临，越日即回”。

梁鼎芬在崇陵植树时，在自己栽的第一棵树旁留影

梁鼎芬晚年对清王朝的愚忠在当时是很有名的，他对皇帝的忠心和情感，超过了皇亲国戚、王公大臣。例如，光绪帝梓宫在梁格庄行宫暂安期间，王公大臣分成六班轮流守护梓宫，祭奠行礼。每逢节日和忌辰，六班王公大臣才齐集一次，祭祀行礼。唯有梁鼎芬长期居住在公所里，而且不论哪班，他都随班祭奠行礼，风雨不误。每次举哀，极为哀恸，出于至诚，在梓宫前长跪不起，使在场的人无不动容。

光绪帝、孝定景皇后葬入地宫后，王公大臣等都退出地宫，准备关闭石门，唯独梁鼎芬一人瘫坐在地宫里不动，两眼望着光绪帝的梓宫发呆，不肯离去。见此情景，众人皆茫然。他的随从忽然想起他曾经说过皇上奉安时要殉葬之类的话，怕他干出愚忠的事情，急忙把他背出地宫，送回梁格庄住处。

由于营建崇陵时经费太紧张，当初与厂商签合同时又没有植树的条款，所以到崇陵快完工时，植树一事尚无着落。溥仪见梁鼎芬对清室忠心耿耿，于是就派他去守护崇陵，并办理植树事宜。

植树就要花钱，然而资金是最难办的。为了解决这个问题，他自己带头捐款一千元，又写了一份“公启”，然后派人到北京买回二三百个陶质瓶，将崇陵宝顶上的雪装进瓶里，封好瓶口，贴上纸签，签上写着“崇陵雪水”字样。他用车将这些装着白雪的瓶子拉回北京，亲自挨家挨户地到宗室皇族、王公大臣家登门拜访，每家赠送崇陵雪水一瓶，请求他们为崇陵植树捐献资金。如果对方拿出的钱与其身份、财力相称，他就欣然告辞；如果拿出的钱少，或者拒绝捐献，他就用十分激烈的语言使对方难堪；倘若登门不遇，他就留言约定时间再来拜访。“有志者事竟成”，梁鼎芬用这种方法居然筹到了一笔数目可观的资金。他用这笔资金从丰台、蠡县买回了松树、柏树、桧树等树苗。五十多岁、年老体弱的他身先士卒，带头挖坑、浇水、植树。历经三年的努力，在崇陵的砂山、后宝山、陵院内外共栽植松、柏、桧、杨树 40601 株。为了留作纪念，梁鼎芬还特意在栽下第一棵松树时留影一张，站在树下的他一手扶镐，一手持锨。后来，溥仪的老师陈宝琛看到这张照片，大为赞赏梁鼎芬的忠心和义举，在这张照片上题诗一首：

补天挥日手能闲，冠带扶锄土石间。

不见成荫心不死，长留遗蜕在桥山。

正因为有过植树这段经历，梁鼎芬在当时被戏称为“植树大臣”。

在政治上，梁鼎芬偏于保守。他反对戊戌变法，指责康有为、梁启超“信奉邪教、邪说”“心同叛逆”。1916 年，梁鼎芬入宫做废帝溥仪的老师，被溥仪授予二品衔在毓庆宫行走，赐他紫禁城骑马，每月赏养廉银六百元。他潜心为年仅十多岁的“皇帝”写“起居注”，把溥仪吹捧为“真英主也”。1917 年，丁巳复辟，卧病多日的梁鼎芬强打精神，以清室代表的身份前往总统府，逼黎元洪“奉还大政”。1920 年 1 月 5 日，梁鼎芬病逝，终年 61 岁。临终前，由其子梁劬执笔，他口授给溥仪写了一份遗折，最后一次向溥仪表达了对大清皇帝的忠心和诚悃。溥仪得知梁鼎芬病故，非常悲痛，立即派贝勒载瀛带领侍卫前往奠醊，加恩赐谥“文忠”，赠太子少保，赏给陀罗经被，并赏银三千元治丧，其子梁劬赏给乾清门三等侍卫。清朝赐谥，谥号中以“文正”最高，“文忠”次之，“文恭”再次，以下为“文成”“文端”“文恪”“文襄”等。被赐谥“文忠”，与傅恒、林则徐、李鸿章等名臣同谥，由此可见梁鼎芬在溥仪心中的重要地位。

梁鼎芬死后被葬在了崇陵东南方梁格庄村北的小山下。这是他在西陵植树期间发现的一块私人田地，认为是一处好的兆域，于是将其买了过来，向公方和他的家属声明，他死后一定要葬在这块地里，永远在光绪帝陵寝旁守护。他死后，家人遵照他的遗嘱，将他葬在了那里。如今，他的坟墓已不复存在。

第四章

地宫密码

在清西陵的四座皇帝陵寝中，也许光绪帝的崇陵陪葬品是最少的，但是只有他的陵寝惨遭盗掘。在崇陵的地宫里，人们发现并解开了很多谜团，为研究清朝陵寝打开了方便之门，也为研究光绪帝死因提供了便利条件。2008 年，一项研究结果表明，光绪帝死于砒霜中毒。

一、被盗之谜

人生一世，终归尘土。因此，人们常说，“人入土为安，死者方得安息，生者也觉心安。”葬入地宫的光绪帝和他的皇后就应该在另一个世界里平平安安地永远长眠。然而，由于他们的身份及棺椁里陪葬有大量的珍宝，引来了盗墓者的光顾。1938 年的秋季，一伙身份不明的土匪盗掘了光绪帝的崇陵。

为什么称盗墓者为“身份不明的土匪”呢？这是因为大家只知道盗掘崇陵的是土匪，具体是哪些土匪，众说纷纭，谁也说不清楚，故此称盗陵匪徒为“身份不明的土匪”，这样还稳妥些。

对于崇陵的被盗，出于对光绪帝的同情和对随葬文物的关心，很多人提出这样一个问题：清西陵建有四座皇帝陵，即雍正帝的泰陵、嘉庆帝的昌陵、道光帝的慕陵和光绪帝的崇陵，其中规模最大的是泰陵，规制最简单的是慕陵，随葬品比较少的是慕陵和崇陵。那为什么盗墓者会盯上崇陵呢？

对于这个问题，用最简单一句话回答，就是崇陵位置偏僻，防护最弱。

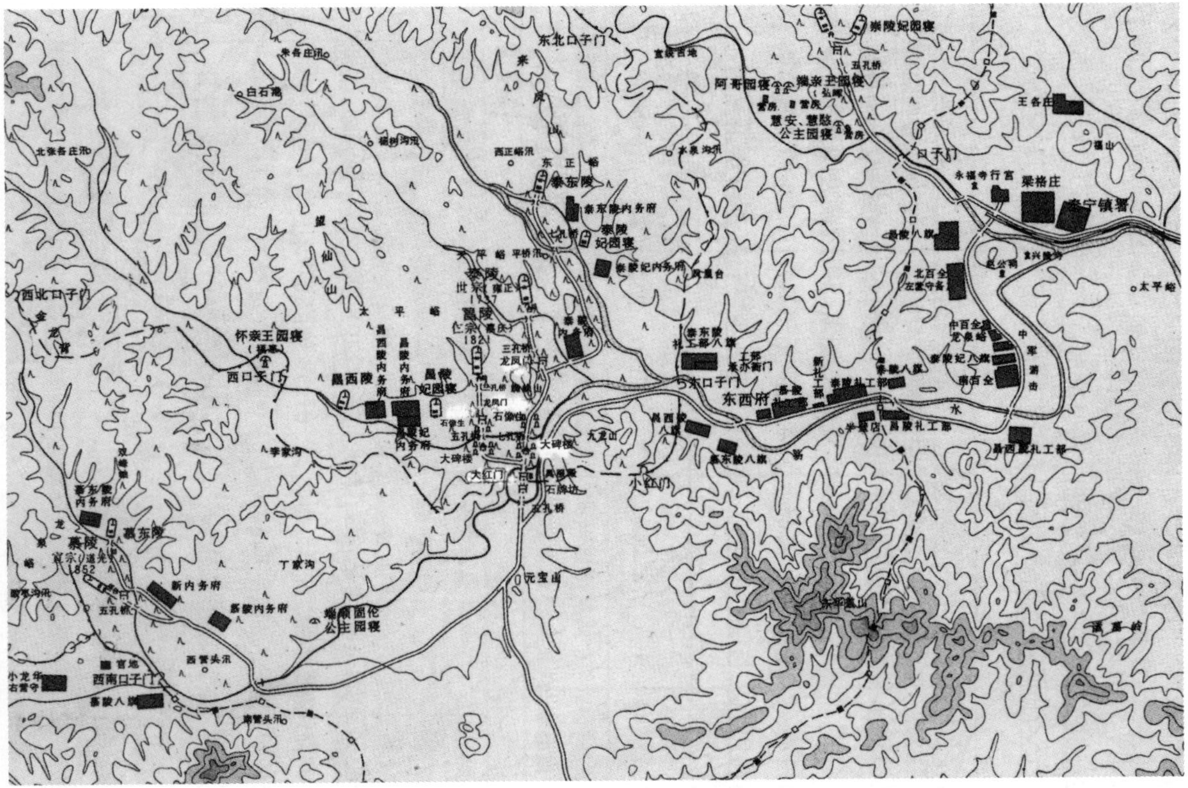
东北口子门
崇陵妃园寝
阿哥园寝
醇亲王园寝
慧安、慧愍公主园寝
王各庄
永福寺行宫
梁格庄
泰宁镇署
泰东陵
泰东陵内务府
泰陵妃园寝
泰陵妃内务府
泰陵
世宗（雍正）
1737
昌陵
仁宗（嘉庆）
1821
昌西陵
昌陵妃园寝
昌陵妃内务府
怀亲王园寝
西口子门
西北口子门
东口子门
东西府
大红门
大碑楼
石牌坊
五孔桥
七孔桥
三孔桥
龙凤门
九龙山
小红门
元宝山
丁家沟
李家沟
慕东陵
慕陵
宣宗（道光）
1852
新内务府
慕陵内务府
端顺固伦公主园寝
西南口子门
慕陵八旗
泰东陵八旗
昌西陵八旗
泰陵礼工部
昌陵礼工部
昌西陵礼工部
北百全
中百全
南百全
东平盘山
白石港
北张各庄汛
西正峪汛
东正峪
太平峪
太平峪
福山
中
军
游
击
水

清西陵地理位置图

崇陵被盗时，易县已被日军占据，西陵在易县的西面，西陵的西面是晋察冀边区，西陵正好处在日军与八路军的中间地带。因此要想盗陵，就必须先考虑这些因素，为了逃避打击，只能选择较为偏远的陵寝。纵观西陵的各座陵寝，崇陵在西陵中心区的偏东北方向，慕陵在西陵中心区的偏西南方向。崇陵和慕陵的位置都符合远离驻军的要求，而崇陵与慕陵相比，崇陵更为隐秘。因此，崇陵被盗就在所难免了。

据笔者所知，慕陵也有被盗痕迹，但是否被盗成功，目前众说纷纭。依笔者的看法，慕陵被盗的可能性极大，理由有二。

1. 慕陵所在位置与崇陵差不多同样偏远，难于守护，且还有被盗过的痕迹。如今，经过无数风雨的洗礼和多年的维修，慕陵的被盗痕迹很难看到了。

2. 位于慕陵东北的慕东陵在 1949 年前就已被盗，1949 年后的八九十年代和 21 世纪初又数次发现新的盗洞。这似乎可以说明慕陵被盗也在所难免，因为任何一个盗墓者也不会放着随葬品更多的皇帝陵不盗而盗皇后陵的。

但为什么说慕陵是否被盗过现在很难说呢？

这是因为泰陵哑巴院的琉璃影壁墙下也发现了盗掘的痕迹，但 1980 年 4 月清西陵文物管理处试图打开泰陵地宫时，发现泰陵仅有被盗痕迹实际并未被盗。所以如果不打开地宫的话，慕陵是否被盗最多也只能是猜测，不能肯定。

值得注意的是，虽然泰陵地宫没有被打开，但清西陵文物管理处经过国家文物局允许，将目光瞄向了同样有被盗痕迹的崇陵。于是，崇陵地宫在确定被盗后被打开了，也因此向世人揭开了它的神秘面纱。

二、地宫的秘密

经国家文物局的同意，1980 年 6 月 15 日至 7 月 26 日，清西陵文物管理处对崇陵地宫进行了清理。

崇陵的地宫结构为九券四门，即隧道券、闪当券、罩门券、第一道石门、第一道石门洞券、明堂券、第二道石门、第二道门洞券、穿堂券、第三道石门、第三道门洞券、第四道石门、金券，共九券四道石门。其中，隧道券和闪当券为砖券，其他七券为石券。隧道券低于闪当券，闪当券高于罩门券。地宫中有四道石门、八个门扇，每扇门上均雕刻一尊菩萨。光绪帝、后棺椁放在金券内。

崇陵地宫是清陵中开启的第二座皇帝陵地宫。裕陵地宫是清朝鼎盛时期兴建的，豪华奢侈；崇陵地宫是清末和民国初期兴建的，朴素简约。两陵相比，其中的差距还是很大的，下面将崇陵地宫与裕陵地宫做一下简单比较。

崇陵地宫进深 63.19 米，落空面积大约 440 平方米，地宫石壁上没有任何雕刻图案。

隧道券进深 11.43 米，面阔（东西）4.43 米。

闪当券进深 1.6 米，面阔 6.82 米。

金刚墙内的隧道券到闪当券都为城砖栽砌成的礓磜，砖长 0.45 米，宽 0.22 米，厚 0.1 米。

罩门券进深 4.47 米，面阔 2.88 米，中高 6.28 米，地面是条石铺地，券顶和四周墙壁全部用青白石砌成。

明堂券进深 9.71 米，面阔 7.79 米，中高 7.99 米，地面是用条石铺墁，四周墙壁和券顶均用清白石砌成。

穿堂券进深 7.8 米，面阔 5.09 米，中高 6.3 米，地面中间的条石是南北竖摆，两边条石是东西横摆。

门洞券是地宫内最小的券室，共三个，其中第三道石门和第四道石门中间的门洞券，进深 2.25 米，面阔 3.95 米，中高 4.72 米，地面用三块青白石东西横铺。

金券是地宫最后的券堂，也是最重要的券堂，是地宫的核心。金券东西宽 12.32 米，南北长 7.22 米，高 9 米，面积大约 89 平方米，高大宽敞，四周及地面、券顶全部为青白石砌筑。

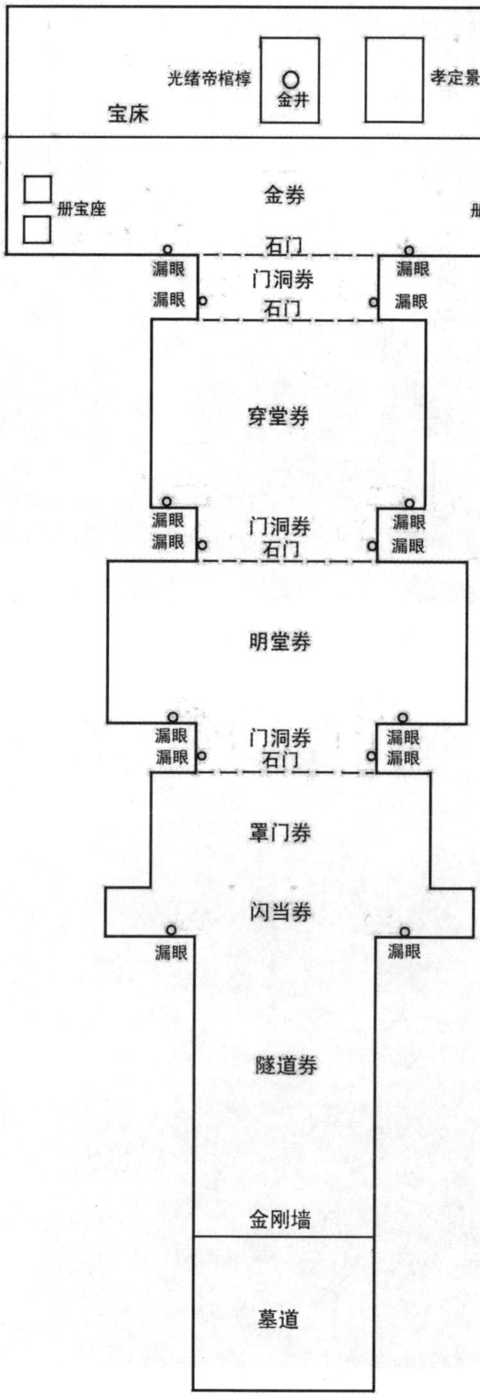

崇陵地宫平面示意图（绘图：徐鑫）

崇陵方城隧道券内地宫入口

崇陵地宫隧道券

崇陵地宫明堂券

光绪帝（左）和孝定景皇后（右）的棺椁

金券内正面是放置棺椁的宝床，床面用五块素面清白石铺成。整个宝床是一个大型的仰俯莲须弥座，没有垂手宝床。宝床的南面、东西两侧各有两个石制册宝座，册宝座为正方形须弥座，顶部边长 0.4 米，高 0.58 米，这是放置“香宝”“香册”的地方。东面的册宝座放“香册”，西面的册宝座放“香宝”，均是北侧的册宝座放皇帝的，南侧的册宝座放皇后的。值得注意的是，裕陵地宫的册宝座设在明堂券的东西两侧，为四组八个，每侧南北向各摆放四个。

崇陵地宫内的四道石门，每道石门有两扇石门，每扇石门均为整块石料做成，高 3 米，宽 1.5 米，上门轴长 0.315 米，直径 0.235 米，门轴边沿厚 0.255 米，门的外边沿厚 0.195 米，外沿薄，内沿厚，重心靠近门轴一边，所以石门开关轻便。

每扇石门的正面均浮雕一尊菩萨立像。第一道石门东扇为文殊菩萨，西扇为大势至菩萨；第二道石门东扇为观世音菩萨，西扇为地藏王菩萨；第三道石门东扇为除盖障菩萨，西扇为虚空藏菩萨；第四道石门东扇为慈氏菩萨，西扇为普贤菩萨。这与裕陵地宫石门菩萨排列顺序和名称完全一样。

崇陵地宫第一道石门东扇：
文殊菩萨像

崇陵地宫第一道石门西扇：
大势至菩萨像

崇陵地宫第二道石门东扇：

观世音菩萨像

崇陵地宫第二道石门西扇：

地藏王菩萨像

崇陵地宫第三道石门东扇：

除盖障菩萨（又称日光菩萨）像

崇陵地宫第三道石西扇：

虚空藏菩萨（又称月光菩萨）像

崇陵地宫第四道石门东扇：

慈氏菩萨像

崇陵地宫第四道石门西扇：

普贤菩萨像

崇陵地宫第二道石门东扇上的

观世音菩萨像面部细部

崇陵地宫第二道石门西扇上的

地藏王菩萨像面部细部

另外，崇陵地宫八扇石门的正面还雕刻了兽面衔环铺首，石门背面没有雕刻任何图案。

这里需要说明的是，崇陵地宫石门的这些菩萨雕刻虽然名称和排列顺序与裕陵地宫一样，但就人物表情、服饰、背光、莲台、大小等却与裕陵明显不同。从雕像的面部和腰肢来看，裕陵地宫的菩萨均为女性，而崇陵地宫的菩萨则为男性，尤其是第二道石门的两尊菩萨雕像还长有胡须。影视剧中的观世音菩萨均为婀娜多姿的女性形象，崇陵地宫石刻则将其雕刻为有胡须的老年男性，这点令人十分费解。

也有人说，崇陵地宫石门上的菩萨雕像，除了第二道石门上的菩萨长胡须，为男性外，其余的三道石门上的菩萨也是女性。对于这种说法，笔者并不认可。因为对于一般所绘制或者雕刻人物的性别，主要看脸部、身段和服饰。虽然从崇陵地宫石门上雕刻的菩萨脸部不能很好地分辨性别，雕像的腰肢也均为一般模样，所穿服饰也是差不多的样式，但有两个细节需要注意：一是崇陵地宫菩萨腰肢与裕陵地宫石门所雕女性菩萨有明显区别，没有细腰和宽骨盆，根本看不出来是女性；二是崇陵地宫这四道石门上菩萨的脚均是又大又厚，脚腕也很粗壮，很明显是男性而不是女性。

第二道石门上两尊菩萨雕像可以确定是男性。试想一下，同一座地宫石门上的这八大菩萨雕像不大可能既有女性又有男性吧？因此，笔者认为，崇陵地宫门上的八大菩萨雕像均为男性，只不过除了第二道石门外，其他三道石门上的菩萨没有雕刻胡须而已。

也许有人会问，既然为了证明这些菩萨都是男性，那为什么不干脆将其他三道石门上的菩萨都雕刻上胡须呢？笔者是这么认为的，如果将其他菩萨的脸部都雕刻上胡须，给人的感觉就是这些菩萨都是些年老体衰的神仙，法力和智能都会大打折扣，在视觉上也不适合，这也不是雕刻这些菩萨在石门上的目的，而选择一个有代表性的菩萨能证明其他菩萨也为男性即可，无须全都雕刻上胡须。

石门背面与外面铺首相对称的地方凸起部分叫“磕绊”，自来石的上端顶在磕绊的下面，自来石的下端戳在地面上的凹槽中，以此顶住石门。

自来石就相当于以前百姓家常用的顶门杠，只不过称呼不一样罢了。自来石通常高 1.69 米，下宽 0.4 米，上宽 0.33 米，厚 0.125 至 0.155 米。

门楼顶部为歇山式，瓦垅、脊吻、沟滴、跑兽全部用清白石雕成。上槛、门管扇用黄铜铸成，两端嵌入两侧墙壁，其显露部分长 3.79 米，厚 0.26 米，宽 0.85 米。联楹两端有圆孔（弧矢），使石门上门轴插入孔内，下门轴戳入石门墩凹槽内。

第四道石门区别于其他三道石门的是，门管扇是用黄铜铸成的，门管扇及门上槛和门簪也是用黄铜铸成的。门管扇也是四道石门中最长的一根，长 7 米，厚 0.26 米，宽 0.85 米，总重量达到 16.77 吨。门簪长 0.22 米，直径 0.23 米，呈六棱形。四个门簪上各浮雕一条游龙，工艺十分精湛，这一点是裕陵地宫所没有的。

地宫内有 14 个龙须沟漏眼，直径 0.09 米，分别位于金券、门洞券、穿堂券、明堂券、闪当券等七处的左右对称位置，它们与设在地下的两条龙须沟相通，用以排泄地宫渗水。

由于崇陵是按照惠陵规制所建，因此崇陵地宫应该与惠陵地宫相差无几，知道了崇陵地宫样式就可以了解惠陵地宫的大致样式，具有重要的研究价值。

首先，崇陵地宫的打开，为世人了解被盗情况提供了真实的历史信息。

由于崇陵的金刚墙特别坚固，盗墓匪徒为了进入地宫，在金刚墙的下面挖了一道 U 形通道，从金刚墙的下方钻进了地宫。

清东陵开放的地宫有 8 块自来石，除纯惠皇贵妃地宫的自来石是完整的之外，其余 7 块自来石全是残破的。可是崇陵地宫的 4 块自来石都是完好的，为什么呢？原来崇陵地宫石门是被巧妙打开的，具体方法是用铁杆之类的东西将自来石由东扇慢慢拨向西扇，推开东扇石门进入地宫。因此，崇陵地宫的 4 块自来石无一损坏。这一来说明盗匪对地宫情况较为了解，很有经验；二来也说明石门与自来石的结合并不是严丝合缝的，有活动余地，否则无法拨动。纯惠皇贵妃地宫的自来石就因为顶得非常牢固，不仅拨不动，而且顶不动。

其次，揭开了崇陵地宫藏宝之谜。

崇陵地宫金券内的自来石

崇陵地宫第二道石门门楼

崇陵地宫第四道石门的铜管扇

崇陵地宫第四道石门的铜上槛及铜门簪

崇陵地宫入口被盗遗迹

崇陵地宫秉承清陵特点，地宫的棺椁之外没有陪葬大量珍宝。随葬物品都在棺椁内，棺椁外只有帝、后的香册、香宝及金井内的一些珍宝。其中，帝、后的香册、香宝被盗走，仅留下残破的册宝箱。棺椁内的大部分随葬品被盗走，仅遗留了少数细小物件。金井内的随葬品被完整地保留了下来，这可能是盗墓匪徒对地宫棺床结构和葬制不了解造成的。

下面，根据《崇陵地宫清理报告》等资料及实地调查，详细介绍一下崇陵棺椁和出土文物情况。

崇陵地宫的两具棺椁均为楠木制作，其中：

光绪帝的棺椁为素金（“素金”是不标准的称谓，这是清理报告上的用词，应该用“扫金”）黄色，呈长方形，全长（包括葫芦）3.218 米，身长 2.658 米，前宽 1.57 米，后宽 1.51 米，前高 1.69 米，后高 1.57 米，顶盖前宽 0.47 米，顶盖后宽 0.44 米，厚 0.11 米，葫芦长 0.56 米，葫芦宽 0.38 米。外椁四壁用梵文写着四大天王的名字。

光绪帝棺椁上的盗洞及龙山石旧影

光绪帝的棺椁破坏得不是很严重，棺盖没有揭开，盗洞在棺椁南面的右下部，长约1.1米、高0.85米，看其情形是被盗墓匪徒用利斧等砍开的。椁内棺外有一层黄龙缎套，围在内棺壁四周。内棺周身朱红涂漆，雕刻金漆藏文经咒及“万”字图案。内棺的内壁上，由内到外粘着十三层五色织金藏文陀罗尼缎和各色织金龙彩缎，它们分别为：

第一层，红底蓝条；

第二层，蓝色，上有用金线织成的藏文，织有“杭州织造臣广英”字样；

第三层，黄色，上有用金线织成的藏文，织有“杭州织造臣舒磷”字样；

第四层，黄色，水云龙纹图案，织有“杭州织造臣容廷”字样；

第五层，黄色，上有用金线织成的藏文；

第六层，蓝色，上有用金线织成的藏文；

第七层，大红色，红底蓝条，织有“杭州织造臣盛柱”字样；

第八层，黄色，上有用金线织成的藏文；

光绪帝棺椁内出土的围锦

第九层，黄色，织有“杭州织造臣广英”字样；

第十层，红色，红底蓝条；

第十一层，黄色，上有流云、万字花纹；

第十二层，紫红，红黄两种颜色在一起；

第十三层，大红色。

棺内多年潮湿，围帐腐烂严重，上面的藏文也损坏严重。保留较为完整的一些藏文，据有关专家鉴定，是咒语“南无叭噶帝……”等字，其大意是“皈依如来”。

棺椁有葫芦头的朝北墙那端为正面，遗体也是头朝北、脚向南躺着。光绪帝遗体的小腿和脚被盗墓匪徒拉出，脚上的鞋子已经丢失，脚骨落在了宝床上。身上穿的一件龙袍看得比较清楚，但因清理遗骨，衣服长期腐烂，并没有完整保存下来，贴身的衣服腐烂严重，失去了完好模样。遗体是趴在棺椁中的，看样子是被盗墓匪徒翻转过的。

光绪帝随身佩带的装饰及首饰几乎全被盗走，只在左手中发现翠环两个和玉石一件。光绪帝头上没有戴朝冠，棺内也没有发现枕头及被褥，估计都被盗走了。棺椁内还发现了光绪帝的两节发辫，一节编有十花，一节编有三花，长约一尺，辫梢扎有红头绳。

光绪帝棺椁内出土的围锦上的文字

光绪帝棺椁上的盗洞

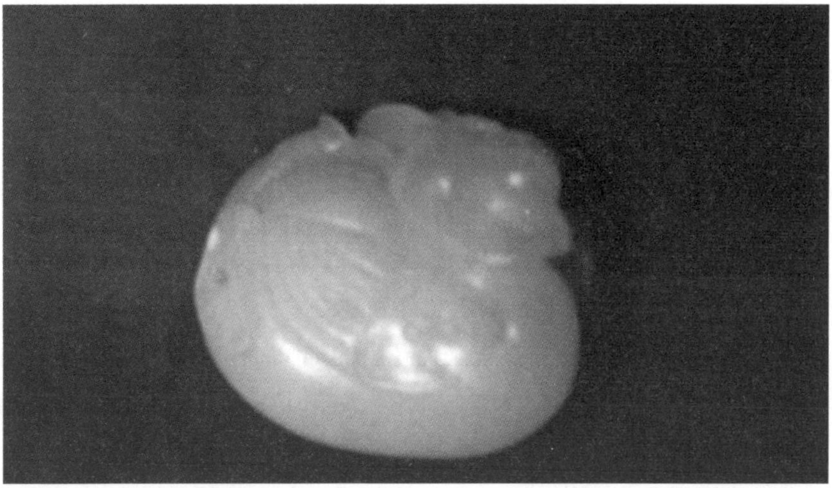

崇陵地宫出土的鸳鸯荷花白玉佩石（光绪帝遗体的左手所握陪葬玉石）

孝定景皇后棺椁残破状况

孝定景皇后（即隆裕皇太后）的棺椁满扫金，全长（包括葫芦）3.23米，身长2.685米，前宽1.565米，后宽1.55米，前高1.65米，后高1.54米，葫芦长0.545米。盗匪是将外椁和内棺的上盖揭开，并将上盖翻放在光绪帝的外椁盖上。外椁的东帮全部被拆，里面露出了内棺，椁板架在了龙山石上，也有用斧锤凿砸的痕迹，但没有凿透。

孝定景皇后的内棺高1.29米，宽1.22米，长2.19米，棺壁内外（包括棺盖内面）都是藏文。棺盖外面雕刻着一幅五彩涂金的精美图案：上部是九尊合手瞑目、盘坐莲花坐的佛像；下部有一只展翅欲飞的金凤凰，身边祥云朵朵，脚下高山大海，山上鲜花簇拥，海面浪花飞舞。

棺内四壁上有围帐三层，每一层都是一条完整的绸缎布料围在棺内，然后用带帽的铁钉固定在棺壁上。由于地宫内常年潮湿，棺内有明显的滴水坑，清理棺椁时固定围帐的钉子已生锈。这三层围帐从里到外依次为：

第一层，红紫色，上有用金线织成的藏文；

第二层，红色外略发紫，上有用金线织成的藏文；

第三层，黑色，上有用金线织成的藏文。

棺内的孝定景皇后头发较乱，只扎着一根红头绳，其所穿衣服连同遗体全部腐烂成泥，表面上只能看到局部的骨骼露在外面。

清理孝定景皇后内棺时发现棺内遗物很多，详细情况如下。

首先，孝定景皇后遗体的左手握有椭圆玉石一块，两面各雕水浪花和循环文饰，玉石中间渐有黄点，边上光圆，黄色较多。

其次，在遗体的烂袍底下（右肋处）发现腐烂的小荷包一件，内装一串丝线珠饰，由于已经腐化，清理出各种珍珠274件。对此，《崇陵地宫清理报告》中记载如下。

小珍珠112颗，直径0.9厘米，呈圆形，每个都是中间有孔，银白色。

大珍珠4颗，呈椭圆形，上面有穿孔，4颗大小不等。

大玛瑙球9个，呈圆形，其中5个较大，形状似紫色的大葡萄，直径2.6厘米；另有4个较小的，直径2厘米。

孝定景皇后内棺正面

绿色翡翠球30个，中间有穿线用的孔。

玛瑙垫片1个，中间有孔。

玛瑙坠2个，呈圆形素面，一个中间有孔，没有图案，只是下边卷扁形。

红坠花3个，橘黄色，高1.2厘米，宽0.8厘米，中间有孔，下面是花瓣形。

小黄玛瑙片113个，直径0.6厘米，厚0.2厘米，橘黄色的圆片，中间有孔。

后来，在清理棺椁内污物时又发现钻石戒指1个，中间是钻石，周边镶金圈，晶莹光亮。

孝定景皇后棺盖上的图案

内棺两具遗体的下面铺有香料和干燥剂，它们是 6 厘米厚的紫色香粉——檀香木碎末，以及 4 厘米厚的灰白色灰土——石灰，檀香木碎末在石灰之上。清理过程中，仍散发着清香。

崇陵地宫有龙山石 16 块，每块龙山石由红、蓝、黑、黄、紫等数种颜色绘出祥云和游龙的图案，光彩照人，十分美观。它们分别置放在两具棺椁的八个角上，用以倚住棺椁，使之不能移动。清理地宫时，这些龙山石有些已经被推倒在宝床之下。

崇陵地宫金券内的龙山石

崇陵地宫的龙山石无论是功能还是工艺，明显不如裕陵，其主要区别有三处。

1. 在数量上，崇陵地宫每具棺椁用龙山石 8 块，而裕陵地宫每具棺椁用龙山石 4 块。

2. 在功能上，崇陵所用龙山石效果不如裕陵地宫的龙山石。崇陵的龙山石是长柱体，没有凹槽，没有榫；而裕陵地宫的龙山石，外侧是长柱体，内侧是“L”形长柱体，龙山石侧面两角下部有凹槽，用以压住棺椁底部的横棱，而且每块龙山石下面都有榫，与棺床连在一起。

3. 在工艺上，崇陵地宫的龙山石不如裕陵地宫的龙山石。崇陵地宫龙山石的表面没有雕刻，是彩绘图案；而裕陵地宫龙山石的图案是雕刻的。

金券宝床下的地面上，七零八落地散落着一些破碎木板，有的稍能看出箱子形状。根据尺寸拼凑为正方体的册宝箱，分内外两层，顶部四面收缩，平顶，木板厚 3 厘米，外层 40 厘米 ×40 厘米，内层 30

厘米 ×30 厘米。这是已经清理的清陵地宫中首次发现的册宝箱实体文物，价值很高。

另外，还有一个长方形的木箱，表面涂有一层金粉，上有浮出的花纹图案，箱子的合页、吊扣都是铜制。木箱被盗墓者破坏严重，内物皆无，只在破碎的木板中发现了一个白色长方形的象牙起子和一把铜钥匙，后者是打开册宝箱的钥匙。据此分析，此木箱应该是存放册宝箱钥匙等杂物的。

在光绪帝棺椁头部（棺椁外面）即朝北墙的那端棺床上，放置一个汉白玉石制的瓶塞状圆柱体，上面雕刻有兽头。核对其尺寸，正好与金井口的尺寸相仿，可以确定这是一个金井兽头盖，其功能是棺椁未葬入前盖住金井，有镇墓的作用。光绪帝棺椁入葬地宫比较匆忙，此金井兽头盖就留在地宫中。这是人们第一次见到金井兽头盖实物，文物价值较高。

崇陵地宫出土的册宝箱

崇陵地宫金井兽头盖

在光绪帝棺椁的下面即宝床的正中位置，发现一个直径 14.2 厘米、深 43 厘米的圆孔，这就是地宫的金井。可能是盗墓匪徒外行，不懂得宝床结构，金井内的随葬品才得以全部保存了下来。

因地宫潮湿，金井中的随葬品有的已生锈，有的本来是串在一起的，由于绳子腐烂散落开来失去原样，故此在数量上显得很多。根据《崇陵地宫清理报告》，现将金井内出土的这些文物分别介绍如下。

金壳怀表 1 块，背面呈素面，刻有“亨得利”三字，里面进水，局部生锈，表盘直径 4.2 厘米。

银壳怀表 3 块，两个直径 5.5 厘米，背面是素面；另一个直径 5.6 厘米，背面是素面，局部已生锈。

珐琅壳怀表 1 块（经鉴定为乾隆时期所制），表盘直径 5.8 厘米，厚 7 厘米，背面镶嵌金花蝴蝶、鹤、花草等文饰，形象逼真，色彩艳丽，表盘因潮湿进水已锈了一半。

白玉小人 1 个，高 3.4 厘米，宽 1.8 厘米。

粉色碧玺坠 2 个，很小，可能是大串装饰上的小坠。

绿色翡翠手串 1 串，18 个翡翠珠组成，每个直径 1.5 厘米。

粉色碧玺珠 1 串，20 个碧玺珠组成。

崇陵地宫出土的金、银、珐琅壳怀表

蓝宝石 1 颗，高 2.5 厘米，宽 1 厘米。

八宝玉件 7 块，有轮、罗、伞、盖、花、罐等，玉质，1.7 厘米 ×1.7 厘米，方形。

草绿色翡翠背鱼 2 个，长 4 厘米，宽 2.7 厘米。

小金环 7 个，可能是翡翠珠之间的附属品，直径 5 厘米，小圆片。

小翠珠 7 个，直径 6 厘米，圆形，绿色。

珊瑚珠 13 个，大的直径 9 厘米，小的直径 6 厘米，白色。

绿松石坠 2 个，上面是金质花瓣，下面是翡翠，椭圆形，颜色发蓝。

珊瑚鱼 2 个，直径 2.1 厘米。

翡翠喜子 2 个，每个长 1.9 厘米，宽 1.5 厘米。

玉别子（腰带坠饰）5 个，椭圆形 1 个，长轴 5.3 厘米，短轴 4.2 厘米。其中，椭圆形白玉质 3 个，长轴 5.3 厘米，短轴 5.3 厘米；蘑菇状白玉质 1 个，长 5.4 厘米，宽 5.4 厘米。

西汉玉佩 1 块（经鉴定是战国早期到西汉晚期的），中间雕龙，长 3.8 厘米，宽 4 厘米。

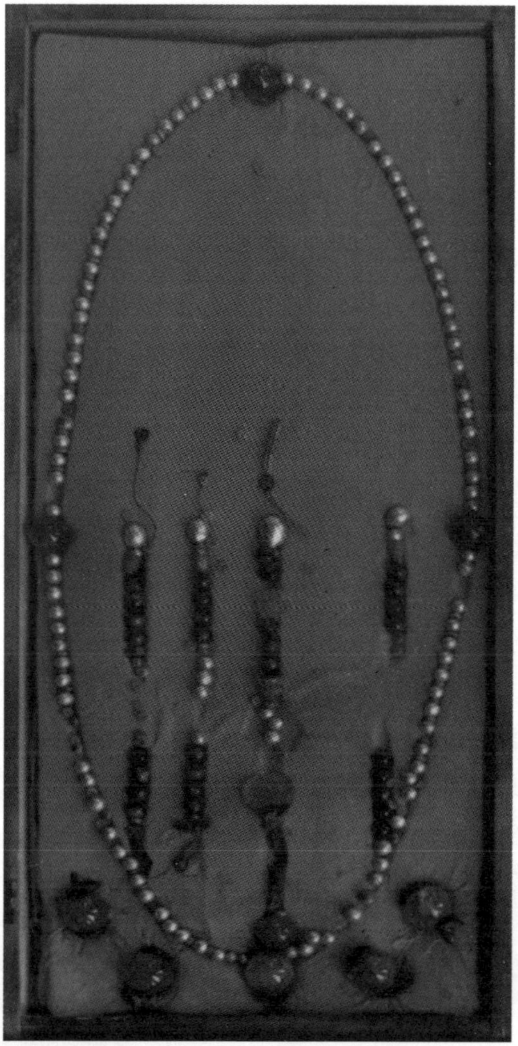

崇陵地宫出土的珍珠翡翠朝珠

翡翠结石 4 个，圆形，直径 5 厘米。

翡翠背鱼 1 个，绿色，长 3 厘米，宽 2.5 厘米。

勒子 2 个，1 个长 4.8 厘米，宽 1.5 厘米；另一个长 3.1 厘米，宽 1.6 厘米。

碧玺佛塔 2 个。

表钥匙 1 把，金丝缠成。

珍珠 108 颗，直径 0.7 厘米，白色，圆球状，上面有孔。

沉香椭圆形手串 18 颗，沉香珠组成，烟色。

珊瑚佛头 5 个，白色。

碧玺小件 16 个，有翡翠瓜、荷叶莲花、小草龙、背鱼儿、猫、猪、兔、鸡、狗、羊、马、牛、鼠等，颜色分为粉、绿、黄、紫四种。

青玉手模 2 个，直径 3.3 厘米，质料发青灰，呈圆球形。

铁球 2 个，直径 3.2 厘米，已生锈，响声仍很清脆。

牙齿 1 颗，臼齿（可能是光绪帝的牙齿）。

米珠数个（1 串，已烂成几截），似小米粒大小，有白色、黄色，粘在一个布带上，有的是用金丝串成的。

金井内有一个黄绫包，里面包着黄土，重约半斤，这就是档案中记载的“原山吉土”。原山吉土是陵寝破土之时在穴位上掘出来的土，用黄绫袋装着或者包着，拴上木牌并注字说明，放入黄斗中，在陵寝承办事务衙门尊藏。待到入葬前期取回，由钦定王公大臣放入金井内。

崇陵地宫金井出土这么多文物，充分说明清朝统治者对金井的重视。而“原山吉土”这件事则说明，档案中关于金井吉土的相关记载是翔实准确的。但就出土牙齿这件事，只能猜测是光绪帝的牙齿，是生前掉下来的。至于为什么不将其放入棺椁而单独放进金井，目前无

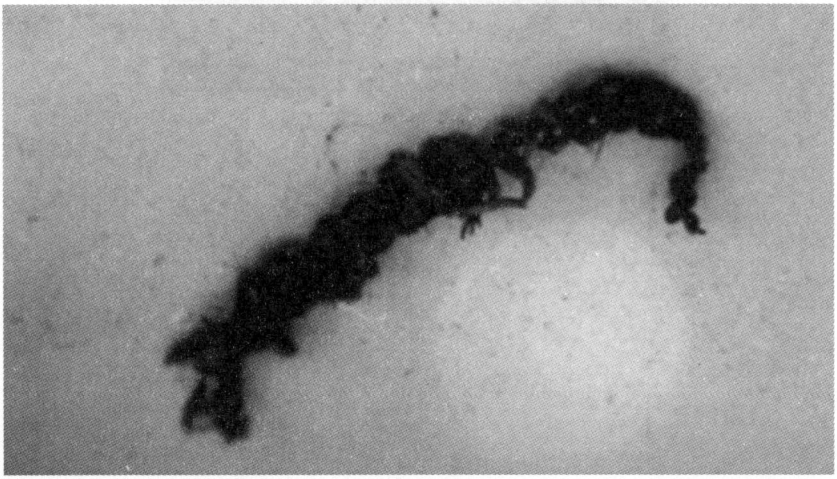

光绪帝的发辫

法解释。

清理崇陵地宫的时候，最大程度地修复了破损的棺椁。为了便于日后研究和旅游业的需要，孝定景皇后棺椁的南面外椁板没有安装，露出了里面的内棺。

光绪帝、孝定景皇后的尸骨经过晾干，分别装入塑料袋封好，放进两个特制的木箱内，又将木箱分别放入各自的棺椁内。

这次清理崇陵地宫发现，光绪帝的遗体虽然已经没有肌肉，但骨骼各关节仍连接完好，从骨骼来推测，他生前的身高大约 1.64 米，没有刀剁斧砍的痕迹；又将光绪帝的颈椎和头发送到当地医院和防疫站检测，也未发现中毒现象。

尽管如此，在崇陵地宫清理之后，光绪帝和孝定景皇后的部分头发，以及光绪帝的部分遗骨和身上残留衣物被悄悄地保存在文物库房里，以便日后继续研究之用。

三、“能人”的研究

按理说，人的死亡原因可以通过尸检的方法确定，这也是现代刑侦的主要手段之一。清理光绪帝遗骨时进行的检测表明，光绪帝不是

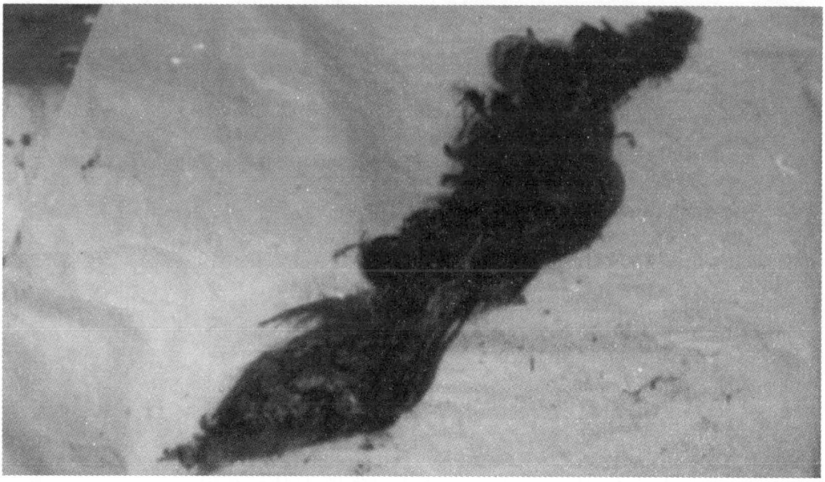

孝定景皇后的头发

被害死的，但有人对检测结果并不认可。他们认为，那次检测光绪帝遗骨的方法过于简单，当时还没有先进仪器，算不上真正意义上的尸检，光绪帝的死绝非简单的病死，而是有人蓄意害死的，主要依据有如下三条。

1. 清末名医屈桂庭在回忆录《诊治光绪帝秘记》中记载："光绪在临死前三天，在床上不停地翻滚，并且不停地大叫，'肚子疼得不得了'。脸色发暗，舌头又黄又黑，明显是中毒症状。"

2. 启功先生在《启功口述历史》中称，他的曾祖父看见一个太监给光绪帝送了一碗"塌喇"（即酸奶），送过不久，光绪帝就死了。

3. 溥仪在《我的前半生》中称，一个太监说光绪帝用了一帖药就死了。

作为历史研究者，其使命就是研究历史，解开历史的谜团。哪怕有一点可以怀疑的历史信息都不能放过，因为他们的责任就是把历史真相还原给社会。

于是，一些人开始与医学界的专家展开合作，更加深入地对档案——光绪帝脉案进行研究。通过对脉案和药方的研究分析认为，光绪帝受肺结核、肝脏、心脏、风湿等慢性病的长期折磨，致使身体的免疫力严重缺失，酿成多系统疾病，最终造成心肺功能衰竭，合并急性感染而正常死亡。

而另外一些"能人"则开辟新途径，利用高科技刑侦手段解开光绪帝死因之谜。他们在现实社会中更清楚如何运用高科技解决问题，于是捷足先登并付诸实施，联合科技、刑侦、文物部门，并与研究专家展开合作，共同完成了光绪帝死因研究课题。

2003 年，中央电视台清史纪录片摄制组来到河北易县清西陵录制节目。学物理出身的编导钟里满无意中获知，光绪帝的头发保存在文物库房，因而产生了浓厚兴趣，决定试试能否通过化验头发确定光绪帝的死因，拍一部关于光绪帝死因的纪录片。纪录片需要一份信得过的尸检报告，他与北京市公安局法医检验鉴定中心专家初步研讨之后，又获得河北省文物局和清西陵文物管理处的同意，在清西陵文物管理处的支持和配合下，又联合了中国原子能科学研究院反应堆工程研究设计所，共同组成了一个四家单位十三人的课题组。为了扩大研究成果的话语权，他们又通过清史专家的推荐，将该研究项目列为国家清史编纂委员会的重大学术问题研究专项课题——清光绪帝死因研究。

为了不受外界干扰，这些专家签订保密联盟协议，不允许私自对外泄露此事。历经五年，研究终于有了一个结果。

2008 年 11 月 2 日上午 9 点半至 12 点，国家清史编纂委员会等单位在北京京西宾馆会议楼十四会议室举行了“清光绪皇帝死因”研究报告会。会议上发布了由四家单位十三名专家共同撰写的《清光绪帝死因研究工作报告》。这十三名专家是中央电视台清史纪录片摄制组钟里满，清西陵文物管理处耿左车、李军、邢宏伟，中国原子能科学研究院反应堆工程研究设计所王珂、张永保、邹淑芸、夏普、李义国，北京市公安局法医检验鉴定中心张新威、张大明、宋朝锦、潘冠民。

《清光绪帝死因研究工作报告》称，正常人口服砒霜 60 至 200 毫克就会中毒身亡，而光绪帝摄入体内的砒霜总量明显大于致死量。其胃腹部衣物上的砷是含毒尸体腐烂后直接侵蚀所致，而其衣领部位及头发上的大量砷，是由其腐败尸体溢流侵蚀所致。因此，最终得出的结论是：光绪帝系砒霜中毒死亡。

《清光绪帝死因研究工作报告》详细介绍了光绪帝头发、衣服、遗骨的检测方法、论证和研究。

据介绍，研究者首先检测了光绪帝的头发。这是因为头发参与人体新陈代谢，并能记录特定时期人体积蓄的某些元素信息。一般成年人的头发，一个月生长约 1 厘米，也就是说，1 厘米头发可反映出人体内约一个月的新陈代谢史。这个时间段正好覆盖了光绪帝死前的最后日子。

研究者将光绪帝的两小绺分别长 26 厘米和 65 厘米的头发按照国际原子能机构（IAEA）推荐的方法清洗、自然晾干后，分别剪成大约 1 厘米长的 26 截段和 59 截段。其中，第二绺头发的第一段和第五十九段，分别长 4.5 厘米和 3.5 厘米。对于处理好的这些头发截段，逐一编号、称重和封装，然后用中国原子能研究院微型反应堆仪器中子活化法，即核分析方法逐段检测光绪帝头发中的元素含量。结果显示，光绪帝的两绺头发中含有高浓度的元素砷（As），且各截段含量差异很大。

研究者将光绪帝头发中的砷含量，与在同一地宫的孝定景皇后和同一时期的一具普通干尸的头发进行了一系列对比及模拟实验。结果显示，光绪帝的两绺头发中的砷含量最高值是孝定景皇后头发的261倍，是清末普通干尸头发的132倍。

那么，这样异常的砷含量，会不会是受到周围环境的影响呢？研究者前后两次采集光绪帝棺椁内、地宫内和清西陵陵区的环境样品进行分析。结果表明，光绪帝头发中的最高砷含量是其棺椁内物品最高砷含量的83倍，是地宫内外环境样品最高砷含量的97倍，也就是说，头发上的高浓度砷并非来自环境的沾染。

为了进一步研究，研究者将光绪帝的头发与当代慢性砷中毒患者的头发进行对比后发现，前者是后者的66倍，砷含量分布曲线也截然不同。在慢性中毒的情况下，中毒者头发的发根含毒量会高于发中部和发梢，而光绪帝的情况与之相反。由此证明，光绪帝头发中的高含量砷属于异常，并且排除了因长期服用药物导致慢性砷中毒死亡的可能。因此，光绪帝头发的砷来源不是新陈代谢，而是另有其他来源，即只能来自其自身尸体的沾染。

为了进一步弄清楚光绪帝遗体上的砷含量分布情况，课题组决定扩大取样分析范围。由于不能开棺，就再次提取了光绪帝的头发残渣物及散落的头发，并首次提取了光绪帝的遗骨及衣物，采样严格按照规范的法医开棺检验方法进行，并进行砷的分布研究。

1. 光绪帝的头发残渣物及散落的头发。

光绪帝的头发上局部有结痂物状的残渣，用镊子刮取残渣物，然后再取刮掉残渣物的头发，分别分析砷的含量。结果发现，残渣物的砷含量明显高于头发，说明它是光绪帝头发高含量砷的来源，而这些残渣物的唯一来源只能是光绪帝的尸体。

2. 光绪帝的遗骨。

尸体腐烂后，器官组织中的砷可能会沾染到骨骼上。这次检查了光绪帝的肩胛骨、环椎骨、脊椎骨、筋骨等七块遗骨。刮取这些遗骨表面的附着物进行砷含量检测发现，在装存光绪帝遗骨的瓶内碎屑、一块肩胛骨和一块脊椎骨上也分别检测到了高含量的砷，表明某些遗骨表面沾染了大量的砷，它们来源是已经腐烂的尸体。

3. 光绪帝的随身衣物。

清西陵文物库房保存着的光绪帝衣物有五件，其中四件上衣（或外衣）和一条裤子。在三件较为完整的上衣中，胃腹部位均有多处腐蚀脱落形成的窟窿。尸体腐败对穿着衣物侵蚀的一般规律是衣物的侵蚀程度由内向外逐步减轻，也就是说，越靠近尸体的衣物腐烂越严重，反之则越轻。

由于这些衣物已经腐烂残破，为了确保这些残存衣物是光绪帝入殓时原本穿的，在对光绪帝残存衣物进行整理化验的过程中，相关部门根据光绪帝的档案《万年吉祥账》所载与实物一一核对，确保所检测化验的衣物的确是光绪帝所穿戴的。

检测结果表明：大量的砷化合物曾存留于光绪帝尸体的胃腹部，尸体腐败过程中会进行再分布，有多个去向，并由里向外侵蚀衣物。

因此，最后的研究分析结论就是：光绪帝的骨骼、内层衣物及头发的高含量砷均来自其尸体胃肠内容物中的砷元素的直接沾染。

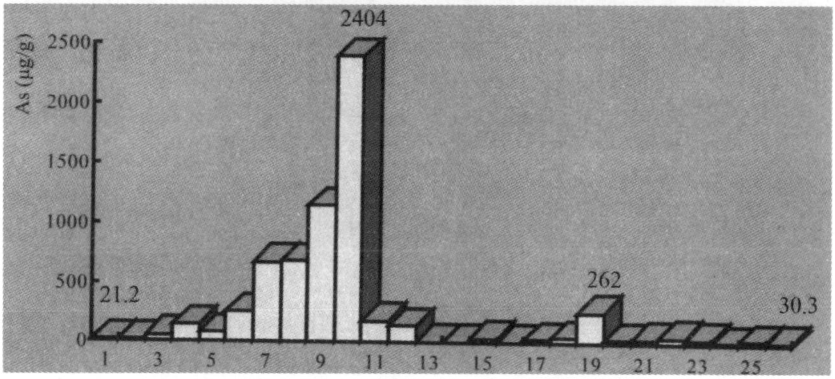

光绪帝第一绺头发的砷含量图

光绪帝死后穿的寿衣

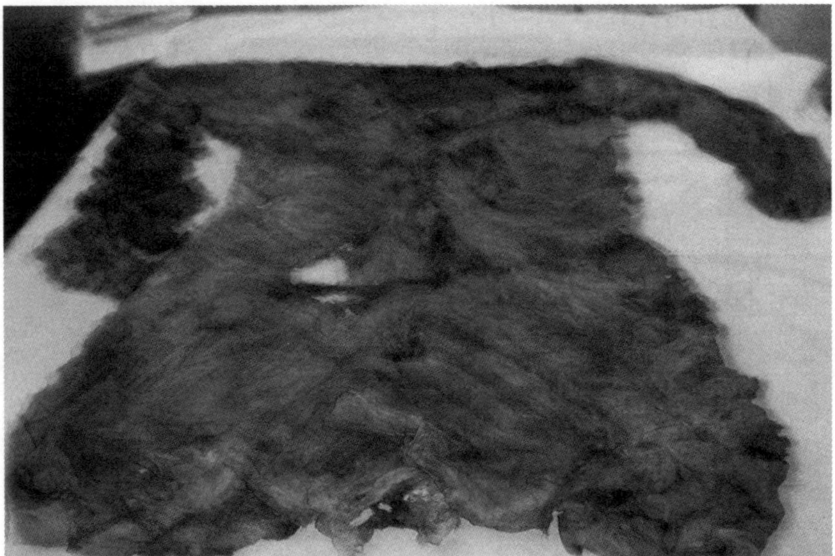

光绪帝死后穿的寿衣内衣

砷在自然界分布很广，多以硫化物和氧化物形式存在，如雄黄（二硫化二砷）、雌黄（三硫化二砷）等。而最厉害的莫过于三氧化二砷——砒霜，即剧毒的砷化合物。那么，光绪帝胃肠中致命的砷元素究竟来自哪种化合物呢？

通过对光绪帝衣物中残渣样品种态分析发现，“衣物上残渣的砷化合物以剧毒的三价砷和有毒的五价砷为主，而微毒的有机砷化合物占少部分。由于不同种态的砷化合物在生物机体内存在迁移、转换、代谢过程，上述结果不能直接反映光绪帝死前胃肠内容物的砷化合物种态”。为确定是何种砷化合物，进行了小鼠模拟验证实验。实验结果表明：光绪帝胃肠内容物中三价砷和五价砷均来自砒霜。

正常人口服砒霜 60 至 200 毫克就会中毒死亡。因受条件限制，光绪帝尸体中的砒霜总量难以测算，但仅头发残渣、内层衣物及其残渣中的砒霜总量就高达约 201.5 毫克，那么光绪帝摄入体内的砒霜总量足以致死，应该是没有疑问的。

对于光绪帝死因的破解，涉及“中子活化”“X 射线荧光分析”“原子荧光光度”“液相色谱 / 原子吸收联用”等一系列现代技术，并有大量的综合分析和模拟实验。对此，国家清史编纂委员会主任戴逸先生认为，“这项工作走出了一条超常规之路，是运用现代科学技术和侦查思维解决历史问题的成功尝试，是自然科学研究与社会科学研究并肩合作的范例。”

报告会上，中央电视台清史纪录片摄制组负责人钟里满先生、清西陵文物管理处主任耿左车先生、中国原子能科学研究院反应堆工程研究设计所高级工程师王珂先生、北京市公安局法医检验鉴定中心张新威先生分别就各自负责的研究工作做了说明，并以图片和文字对有关研究步骤和方法、鉴定程序及结论做了详细讲解。对此，戴逸先生发表了重要讲话，充分肯定了这项研究工作，并认可得出的相关结论，即光绪帝死于急性砒霜中毒。

光绪帝的死因通过科学检测、论证，似乎可以盖棺定论了，但实际上还有一些人对于光绪帝死于砒霜中毒的结论持怀疑态度。他们认为，光绪帝还是死于生病，其理由有三。

1. 光绪帝脉案没有造假或被篡改的可能。脉案是几名医生和内务府官员、王公大臣在现场的情况下写的，皇帝也有可能过目。而且大清国灭亡之后，这些尚在世的医生留有日记或有回忆录，脉案如有篡改或伪造，很难继续隐瞒。

2. 无法确定光绪帝遗骨和遗物上砷含量反映的就是光绪帝身体里的砷含量。

3. 库房收藏几十年的光绪帝遗骨不具备检测条件。

对于以上的三种观点，笔者亦有自己的想法。

1. 不能过分信赖脉案。这份脉案的真假现在虽然无法考证，但有一点可以确定，脉案的真假对于解释光绪帝的死因至关重要。正因如此，如果脉案是真的，光绪帝遗体上的那么多高含量砷又是从何而来呢？

笔者之所以这么反问，是认为不能否认当时存在一份真实的脉案。在光绪帝死后，那份真脉案就被调了包，重新换上一份假脉案，并且去掉了药方上本有的一种药物——砒霜。

戴逸先生说得好："对这些脉案、药方，也要谨慎从事，考察它是什么环境条件下形成的。"

2. 如果光绪帝遗骨和遗物上砷含量不能真实反映光绪帝身体里的砷含量，那只能说明光绪帝身体里的砷含量要大于遗骨上的砷含量，因为遗骨上的砷含量来自肠胃里的砷含量被吸收扩散后的残留。

3. 在库房保存了几十年的光绪帝遗骨上都含有那么高的砷含量，可想而知，光绪帝死之前身体里的砷含量会更高，足以致人死亡。

通过以上叙述和分析，对于光绪帝的死因，相信读者已有自己的清晰判断。

第五章

走进妃园寝

崇陵妃园寝是清朝建的最后一座妃园寝，规制效仿惠陵妃园寝，但也有自己的特点。这座园寝内埋葬的是姐妹二人，生前身份都不低，最后位号都是“皇贵妃”。然而这两座都是皇贵妃级别的坟墓却有所区别，外观大小不一，地宫一石券一砖券。

一、妃园寝规制及特点

崇陵妃园寝位于崇陵以东约一里的地方，始建于宣统元年（1909年）闰二月十七日，完工于1914年底。

崇陵妃园寝规制按照由南往北的次序建筑如下：三孔平桥、一孔拱桥、三孔平桥、东西厢房、东西班房、大门、焚帛炉、享殿、园寝门、宝顶，宝顶下是地宫。崇陵妃园寝后院有两座宝顶，东面的宝顶下面埋葬的是温靖皇贵妃（即瑾妃），西面宝顶下面埋葬的是恪顺皇贵妃（即珍妃）。

崇陵妃园寝施工全景

崇陵妃园寝宝顶施工场景

崇陵妃园寝一孔拱桥

崇陵妃园寝一孔拱桥西的三孔平桥

崇陵妃园寝东厢房

崇陵妃园寝东班房

崇陵妃园寝大门

崇陵妃园寝享殿

崇陵妃园寝园寝门

崇陵妃园寝内的瑾妃墓

崇陵妃园寝内的珍妃墓

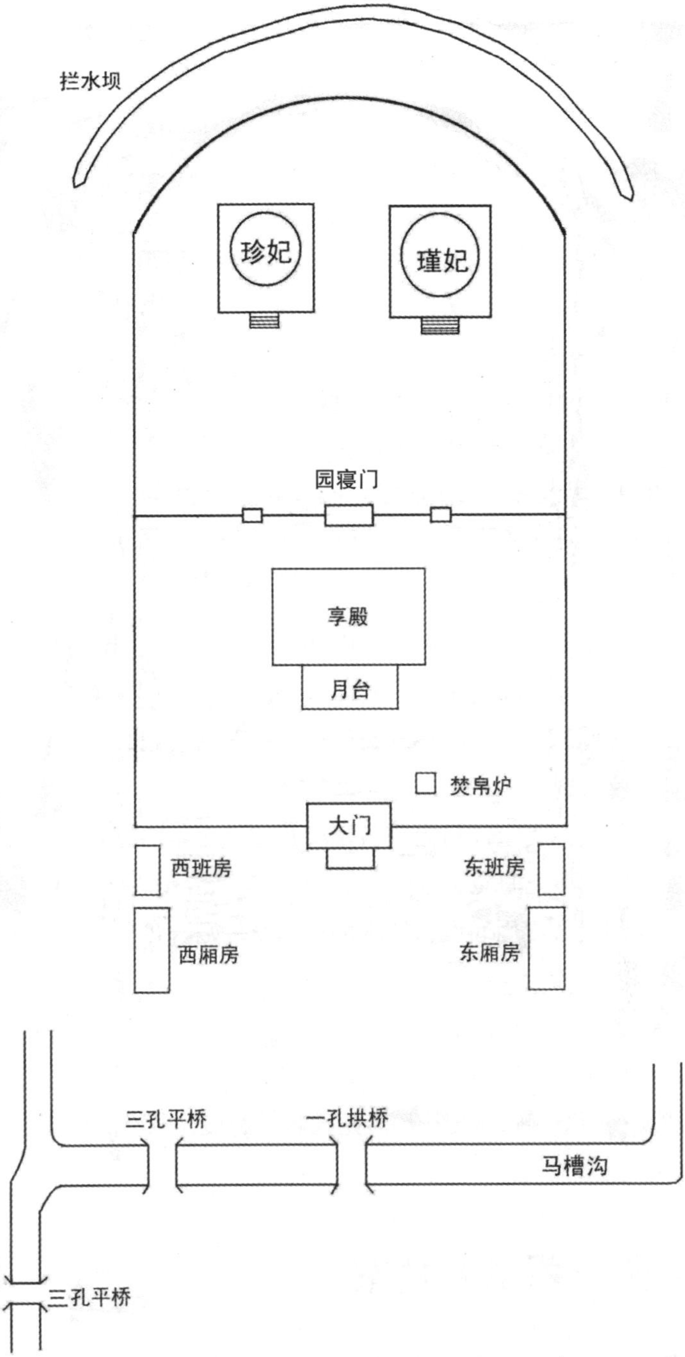

崇陵妃园寝平面图（绘图：徐鑫）

园寝后院的东西两侧各有 5 行仪行树，每行 14 株。园寝的罗圈墙后面还有一道挡水石坝。

虽然崇陵妃园寝是仿照惠陵妃园寝规制营建的，但通过实地调查发现，崇陵妃园寝与惠陵妃园寝相比，还有一些区别。

崇陵妃园寝马槽沟上的三孔平桥在一孔拱桥的西侧，而惠陵妃园寝的三孔平桥则在一孔拱桥的东侧。崇陵妃园寝三孔平桥之所以建在这个位置，是出于行走方便。因为三孔平桥的东面是山，妃园寝又在崇陵的东面。因此，崇陵妃园寝马槽沟上的三孔平桥所处位置是清朝妃园寝中唯一的。

通过实地调查发现，崇陵妃园寝与清西陵的其他妃园寝——泰陵妃园寝、昌陵妃园寝比较，也有区别。

1. 崇陵妃园寝的马槽沟上除了有一座一孔拱桥外，在一孔拱桥的西侧还建有一座三孔平桥；而泰陵妃园寝和昌陵妃园寝的马槽沟上只建有一座一孔拱桥。

2. 崇陵妃园寝的东西厢房为面阔 5 间；而泰陵妃园寝和昌陵妃园寝的东西厢房面阔都是 3 间。

3. 崇陵妃园寝前后院均栽有仪行树；而泰陵妃园寝和昌陵妃园寝院内则无仪行树。

4. 崇陵妃园寝宝顶月台前各用澄浆砖铺墁一块海墁；而泰陵妃园寝和昌陵妃园寝无海墁。

5. 崇陵妃园寝后面设有挡水坝；而泰陵妃园寝和昌陵妃园寝无挡水坝之设。

6. 据《妃园寝做法简册》记载，崇陵妃园寝的两座地宫均设有龙须沟，按理说，龙须沟出水口应该设在妃园寝的马槽沟里，但实际上并未发现；而泰陵妃园寝和昌陵妃园寝没有设龙须沟的记载。

二、两位墓主人档案

崇陵妃园寝是清朝妃园寝中入葬人数最少的一座妃园寝，只葬有瑾妃和珍妃。她们俩是亲姐妹，虽然最后的位号都是“皇贵妃”，但两人生前的经历却不一样，在历史上更为有名的是妹妹珍妃。

珍妃（即恪顺皇贵妃），他他拉氏，满洲镶红旗人，原任户部右侍郎长叙之女，生于光绪二年（1876 年）二月初三日。光绪十四年（1888 年）十月初五日，尚未进入皇宫就被诏封为“珍嫔”。光绪十五年（1889 年）正月二十五日入宫，住在景仁宫。光绪十五年（1889 年）二月二十八日，14 岁的他他拉氏被册封为“珍嫔”。光绪二十年（1894 年）正月初一日，被诏封为“珍妃”，十月二十九日被降为贵人。光绪二十一年（1895 年）十月十五日，恢复“妃”的称号和地位。光绪二十六年（1900 年）七月二十日，被害死于紫禁城贞顺门内的水井里，年仅 25 岁。光绪二十七年（1901 年）七月初四日，埋葬在恩济庄。光绪二十七年（1901 年）十一月二十九日，被恢复名誉，追赠为“珍贵妃”。1913 年 4 月 9 日，用火车运送其棺椁到梁格庄行宫，停灵行宫东院正殿。1913 年 12 月 13 日葬入妃园寝西侧宝顶下的地宫。

1921 年 4 月 24 日，溥仪追谥她为“恪顺皇贵妃”。

珍妃像

瑾妃像

瑾妃（即温靖皇贵妃），他他拉氏，满洲镶红旗人，原任户部右侍郎长叙之女，生于同治十三年（1874 年）八月十五日。光绪十四年（1888 年）九月二十四日被选为秀女入宫，同年十月五日被封为“瑾嫔”。光绪二十年（1894 年）正月初一日，被晋封为“瑾妃”。同年十月二十九日，因受妹妹珍妃牵连被慈禧降为贵人。光绪二十一年（1895 年）十月十五日，被复封为“瑾妃”。光绪二十六年（1900 年）七月二十一日，与慈禧、光绪帝逃出北京。光绪二十七年（1901 年）十一月二十八日，与慈禧、光绪帝等人返回北京。光绪三十四年（1908 年）十月二十五日，被宣统帝尊封为“瑾贵妃”。1913 年 3 月 12 日，又被尊封为“端康皇贵妃”。1924 年 10 月 20 日病逝，终年 51 岁。11 月 19 日辰时，金棺由慈宁宫奉移到地安门外鸦儿胡同广化寺暂安。1925 年 11 月 8 日，溥仪为瑾妃上谥为“温靖皇贵妃”。1925

年 12 月 13 日，用火车将金棺运往西陵，第二天葬入崇陵妃园寝东侧宝顶下的地宫。

三、破解两个谜团

别看崇陵妃园寝建得晚，葬人又最少，但这也许恰恰是它的优点，留给世人的历史之谜较少。笔者通过实地调查和研究历史档案，发现和解决了以下两个历史之谜。

（一）两个宝顶大小之谜

也许是妃园寝内只有两个宝顶的缘故，人们进入后院能够明显感觉到这两个宝顶大小不一样，东面的宝顶、月台大于西面的宝顶、月台。但奇怪的是，西面宝顶、月台前的砖墁地面积却比东面的宝顶、月台前的砖墁地面积大一些。

崇陵妃园寝内的东侧瑾妃宝顶（右）和西侧珍妃宝顶（左）

通过实地调查发现，两宝顶的长方形月台做法是一致的，均为汉白玉石抱角、压边，澄浆砖铺墁台面。其中，东面宝顶月台面阔7.8米、进深12.9米、高0.79米。宝顶高2.63米，连底部金边在内共由20层青砖砌成，底径5.04米。宝顶的月台前正中，设5级垂带踏跺，向南墁砖，用大砖顺摆25行，每行用19块青砖。西面宝顶月台面阔6.4米、进深8.3米、高0.62米。月台上面宝顶高2.04米，连底部金边在内共由16层青砖砌成，底径4.34米。宝顶的月台前正中，设4级垂带踏跺，向南墁砖，用大砖顺摆27行，每行用27块青砖。

通过对两座宝顶尺寸进行比较可知，东面宝顶比西面宝顶高0.76米，东面宝顶、月台比西面宝顶、月台面阔多1.4米，进深长4.6米。这表明东面的宝顶和月台的规模大、规制高。两座宝顶的墓主人都是皇贵妃，为什么她们的坟墓还有这样的区别呢?

按照清朝陵寝制度，后妃地宫规制有皇后型地宫、皇贵妃型地宫、妃型地宫、嫔型地宫和常在型地宫五种。皇后地宫为五券两门，即隧道券、闪当券、罩门券、第一道石门、门洞券、第二道石门和金券（以慈禧陵地宫为例）；皇贵妃地宫为六券一门，即隧道券、闪当券、罩门券、石门、门洞券、梓券和金券（建明楼的皇贵妃地宫，以纯惠皇贵妃地宫为例）；妃地宫为四券一门，即罩门券、石门、门洞券、梓券和金券（以容妃地宫为例）；嫔地宫为砖券，有挡券墙，没有隧道；常在、答应的地宫只是一个砖池，即用砖砌成的一个直上直下的长方形池子，没有券和隧道，是规制最低下的地宫。除皇后陵地宫上建方城、明楼外，其余四种地宫地面上均建有宝顶、月台，其中皇贵妃型建有方城、明楼的只有乾隆朝建的景陵皇贵妃园寝和裕陵妃园寝。而在实际使用上，也有个别的位号高的妃嫔使用低位号型地宫，如皇贵妃使用妃或更低类型地宫、妃型使用嫔或更低类型地宫。

初建崇陵妃园寝时，珍妃和瑾妃二人当时的位号都是贵妃，按理说应该建妃型地宫，都是石券。但由于资金紧张，这二人的地宫是按照嫔型地宫建的，都是砖券。嫔型地宫外部形似妃型，建有宝顶、月台，尺度收小，由地面进入地宫，须由月台前隧道下斜向北。地宫内仅有一券，券是以新样城砖砍细砌为筒拱，轴向南北，券尽端封砌一堵月光墙，前端敞口向隧道。券内墁地用砍细新样城砖，宝床也称

“砖床”，用旧样城砖填实，左、右、前三面用砍细澄浆城砖做成须弥座式，床面墁砌金砖。棺椁安奉于宝床正中气土眼上方，两头各卡一块龙山石。安葬事毕，券口用挡券砖掩闭地宫，挡券砖外隧道填平，上面盖一层黄土，地面上墁砖。

1921 年 1 月 7 日，总管内务府大臣世续、绍英、耆龄等奉溥仪谕旨，以“体制较崇”“以昭朕尊崇之意”为由，令“载泽妥慎筹划修理”端康皇贵妃（即瑾妃）吉地，应“改修石工”，即将原先的砖券改建为石券。

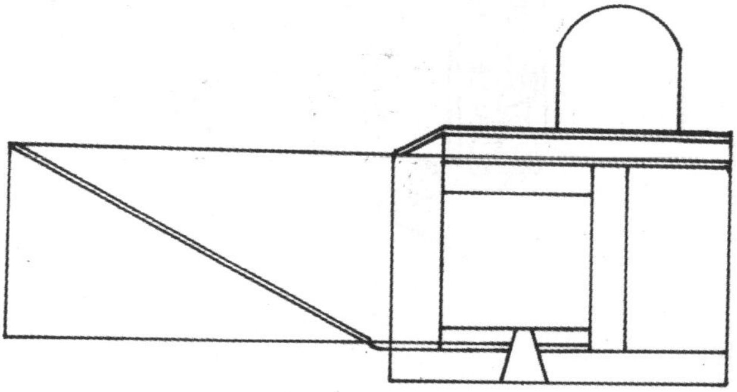

嫔型地宫剖面图

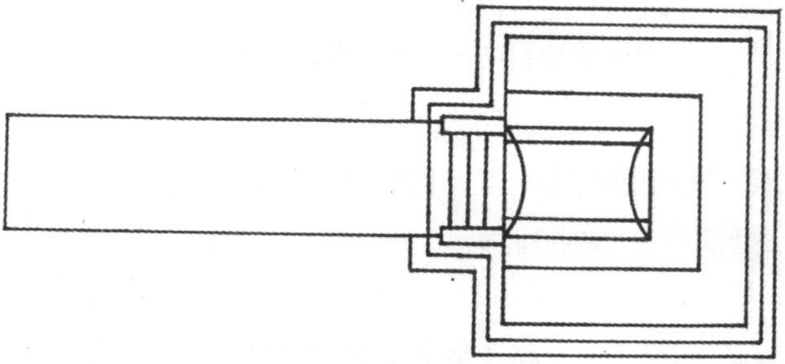

嫔型地宫平面图

嫔型地宫剖面、平面图（绘图：王其亨）

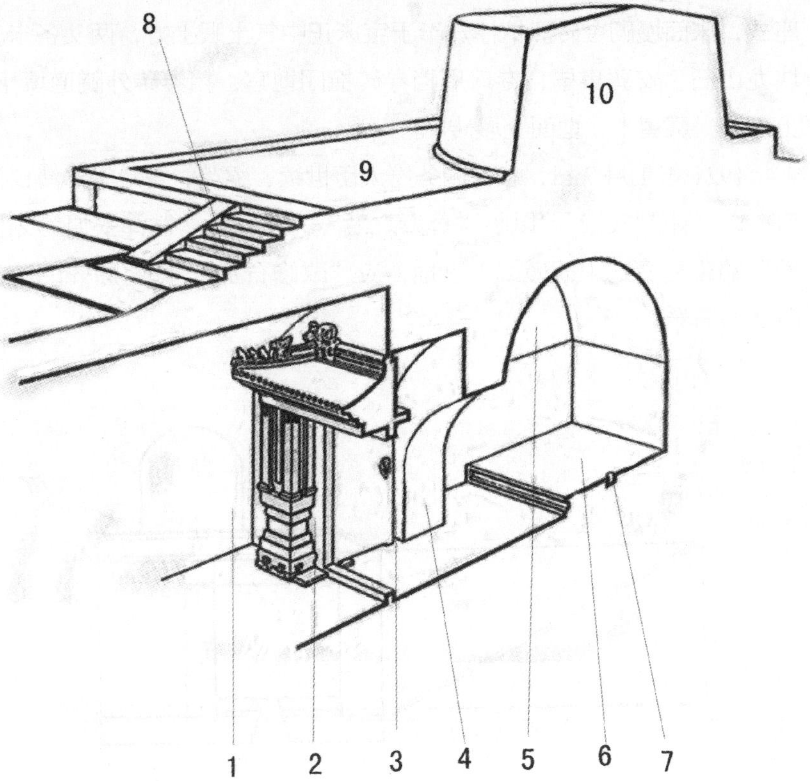

1. 罩门券 2. 石门 3. 门洞券 4. 样券 5. 金券
6. 棺床 7. 金井 8. 踏跺 9. 月台 10. 宝顶

妃型地宫剖面示意图（绘图：王其亨）

对于瑾妃地宫的改建，有一种说法是其娘家出钱改建的。刘敦桢在《易县清西陵》一文中写道：

据陵监云：清末营建地宫，因经费奇绌，仅甃以砖，其后瑾妃薨，妃父出资改石室，而珍妃之墓仍旧。

对于这种说法，笔者在中国历史第一档案馆的《惠陵、崇陵妃园寝改建石券地平立样》中发现这样一条记载：

挡券砖、砖罩门券、石门、门洞券、梓券、正金券。金券正面为宝床、上有金井穴。此工程自石门向里，全部石券，地面亦为石海墁。石券背后砖宽四尺，背后土宽五尺。

并且还注明各券地盘通面阔三丈四尺五寸、通进深四丈二尺。

在《惠陵、崇陵妃园寝改建石券全图立样》中则有如下的记载：

正金券进深一丈四尺、面阔一丈二尺五寸、中高一丈三尺五寸。月台上宝顶，上口对径一丈五尺，下口对径一丈六尺，中高九尺五寸。还绘出了隧道、象眼墙、档券砖、砖罩门券分位，门洞券、梓券分位，正金券、平水金刚墙、背后砖、背后土以及石宝床、吉土、灰土分位的立面图。另有月台礓礤下砖罩门券尺寸：进深五尺五寸、面阔一丈五尺、中高一丈二尺五寸。月台下磴券砖、石门、马蹄柱子、脱落下坎以及背后砖、背后土的部位。梓券尺寸：进深二尺五寸、面阔七尺八寸、中高九尺一寸。

还有一张原建砖券立样图，上面注有宝顶一座，底径一丈四尺、顶径一丈三尺、中高七尺五寸；砖券一座，进深一丈三尺、面阔九尺、中高一丈二尺、平水七尺一寸；隧道宽一丈三尺、直长三尺；地宫内最下层灰土、吉土，上为砖床；平水墙上为磴券砖。

通过这两份档案记载可以说明，瑾妃墓由砖券改为石券，是溥仪谕旨下达后，由皇家出钱改建的，而并非守陵监所说由瑾妃娘家出资改建，与其同时改建的还有惠陵妃园寝的砖券。之所以改建，就是因为她们的位号已经是皇贵妃，因此按皇贵妃等级在地宫内添建了金券、梓券、门洞券的石券，以及石门和砖罩门券，并对地面的宝顶、月台、海墁也进行了相应加高和重新改建。

由于石券规模大于砖券，砖券面阔 9 尺，进深 13 尺，中高 12 尺，改为石券后，面阔 12.5 尺，进深 14 尺，中高 13.5 尺。因此，地宫规模比原来大了一些，地面建筑自然也要相应变大，所以东面宝顶、月台要大于西面宝顶、月台；东面月台前的踏跺为 5 级，西面月台前的踏跺为 4 级。

至于西面月台前砖海墁面积为什么会比东面的大一些，这是因为砖海墁下面实际上是地宫的入口——隧道（又称“墓道”），露天，呈坡状。金棺入葬后，要填砌这个隧道，最上面与地面要相平。清朝早、中期的妃园寝，隧道的填砌方式为最上层铺土、夯实，与周围地面保持一致，浑然一体。从定陵妃园寝开始，隧道的最上层改为用澄浆砖铺墁，形成一块海墁。这块海墁面积可大可小，只要把隧道口盖上就可以了，在规制上没有严格的规定。珍妃是在1913年入葬的，工程费用由民国列支；瑾妃入葬时是1925年，溥仪小朝廷已被赶出紫禁城一年多，经费奇缺，靠拍卖、典当文物维生。当初瑾妃地宫的改建工程由宾兴木厂承办，其工程自然能省就省，与珍妃入葬时已不可同日而语了，所以东面那块瑾妃宝顶前的砖墁地自然就不如西面的珍妃宝顶前的砖墁地面积大了。

（二）地宫葬入前是否关闭之谜

我们知道，帝、后陵寝建好后，地宫并不封闭，在地宫入口安设一道木门临时关闭，等待墓主人葬入后再关闭石门、封堵墓道。那么，那些妃嫔地宫葬人前又是如何处理的呢?

以前尚未见记载，但就瑾妃地宫而言，她的地宫建好后，地宫是封闭了，等她入葬时，提前将墓道等打开，再将其金棺葬入。对此，《溥仪专档》中记载了负责此项工程的宾兴木厂商人马文连的具报：

> 开创隧道，拆去踏垛、挡券墙，并原墁甬路，以及奉安地宫，掩闭石门，成砌挡券墙，安砌踏垛，填筑隧道，改墁神路等工程做法钱粮开后。计开：月台前拆安连面六级踏垛一座，……开刨隧道，长三丈四尺二寸，宽一丈五尺四寸，北头高一丈五尺八寸五分。拆砌随式城砖计二十一进，高四十层，折高二十层砖四百八十三个。拆刨灰砌灌浆隧道背砌槽砖，上面起刨盖面过河灰土一段，长三丈六尺八寸五分，宽一丈八尺一寸。工竣照旧筑打大夯锅灰土二步。神路三面外口刨筑护牙牙灰土，折凑长十丈零一尺六寸，连押槽宽四尺五寸，刨筑大夯锅灰土三步。掩闭石

门二扇，石球顺勾入槽，听差石匠随用打造长五尺，拐长七寸，经八分熟铁钥匙一把。长一尺六寸，横拐长五寸，径一寸熟铁拉门钩子一把。以上通共核需物料匠夫价银肆千陆百捌拾肆两伍钱叁分肆厘。

通过以上记载，我们不仅知道瑾妃入葬前其地宫是封闭的，还获知了以下三条信息：

1. 瑾妃地宫并没有采用传统的用自来石顶门的方法，而采用的是石球；

2. 入葬前打开石门时，使用了铁拐钥匙一把；

3. 关闭石门时，使用了一把横拐拉门钩子。

第六章

不该进入皇宫的女人

光绪帝三位后妃中的两位妃嫔，她们中的一人因为受宠遭处罚，另一人往往跟着受牵连，因为这二人是亲姐妹关系。在慈禧挟光绪帝逃跑之前，一个惨死井中，一个跟着外逃。死在井中的人直到慈禧回京才恢复名誉，她就是历史上有名的“珍妃”。

一、进入皇宫之谜

光绪十四年（1888 年）九月二十四日，这是慈禧定的复选秀女的日子，这也是正式确定光绪帝后妃的日子。

对于慈禧是如何运用权力为光绪帝选的后妃，档案上没有记载，1930 年《故宫周刊》第 30 期《珍妃专号》上载有清宫太监唐冠卿所言：

> 慈禧太后为德宗选后，在体和殿召备选之各大臣少女进内，依次排列。与选者五人，首列那拉氏，都统桂祥女，慈禧之侄女。次为江西巡抚德馨之二女。末列为礼部左侍郎长叙之二女。当时太后上坐，德宗侍立，荣寿固伦公主及福晋、命妇立于座后。前设长桌一，上置镶玉如意一柄，红绣花荷包二对，为定选证物。清例，选中后者，以如意予之；选妃中者，以荷包予之。太后手指诸女语德宗曰：“皇帝，谁堪中选，汝自裁之。合意者即授以如意可也。”言时，即将如意授与德宗。德宗对曰：“此大事当由皇爸爸主之，子臣不能自主。”太后坚令其自选。德宗乃持如意趋德馨女前。方欲授之，太后大声曰：“皇帝！”并以口暗

示其首列者。德宗愕然，既乃悟其意，不得已，乃将如意授前列者。太后以德宗意在德馨女，即选入妃嫔，亦必有夺宠之忧，遂不容其续选，匆匆命公主各授荷包一与末列者二女。此珍妃姐妹之所以获选也。

然而，笔者通过查阅清宫档案发现，为光绪帝选定后妃三人情形并非清宫太监唐冠卿所言，即唐冠卿所言并不可信，真实情况如下。

在清宫里，被挑选女子的名字，每排写一张单子，留宫中存档。这种名单，在档案中称为“秀女排单”。复选秀女被称为“记名秀女”，有“排单”。“记名秀女排单”原件为黄色云纹花绫封面，内心为大红纸的折子，折子内用墨笔楷书写秀女的身世和姓氏。这天参加复选的秀女共有 31 名，包括满洲八旗、汉军八旗、蒙古军八旗，分为六排站立：第一排 4 名女子；第二排 6 名女子；第三排 6 名女子；第四排 5 名女子；第五排 5 名女子；第六排 5 名女子。其中，第一排的名单上贴有醒目的黄签，签头上写有“头排”二字。在每名秀女的姓氏下注有属于哪个佐领及其曾祖父、祖父、父亲三代人的官衔，还特意标注上与皇室的关系。其他各排排单上所写的内容就要简单一些。

慈禧的亲侄女排在第一排第一名，其排单上是这么写的：

镶黄旗，满洲，副都统桂祥之女，辰年（生），二十一岁，嵩崑佐领，叶赫那拉氏。原任郎中景瑞之曾孙女，原任道员惠征之孙女，慈禧端佑康颐昭豫庄诚皇太后胞弟之女。

珍妃在第三排第六名，其排单上是这么写的：

镶红旗，满洲。原任侍郎长叙之女，子年（生），十三岁，惠崑佐领他他拉氏。原任主事萨郎阿之曾孙女，原任总督裕泰之孙女。

瑾妃在第四排第二名，其排单上是这么写的：

镶红旗，满洲。原任侍郎长叙之女，戊年（生），十五岁，惠崑佐领，他他拉氏。原任主事萨郎阿之曾孙女，原任总督裕泰之孙女。

选秀女制度，是清朝为皇帝及其子孙挑选妻妾的制度，在年龄上是有规定的。顺治朝规定：年满 14 岁至 16 岁的女子，都必须参加三年一度的备选秀女，17 岁以上的女子不再参加。到了同治、光绪朝，备选秀女的年龄范围有所扩大，年满 11 岁至 20 岁。尤其是光绪朝，秀女的年龄最大为 21 岁，这是慈禧为了方便将自己的亲戚选入皇宫当皇后。

光绪十四年（1888 年）十月初五日，即复选秀女之后的第十一天，慈禧下了两道懿旨：第一道懿旨诏封了自己的侄女叶赫那拉氏为皇后；第二道懿旨诏封了长叙的两个女儿为嫔。

被封之后的当天下午，他他拉氏姐妹二人各乘一辆杏黄车，由大婚礼仪处派乾清宫总管一名、敬事房太监两名护送回家，直到次年正月二十五日进宫。在此期间，姐妹二人只能深居闺房，不能出门，不能会客，连父兄等都不能见。家门外，有正白旗护军校两名、班首两名、护军八名分两班昼夜巡逻看守；家门内，署理主事英麟、补堂主事松荫等负责稽查照料。

清末预选的秀女

光绪十五年（1889年）正月十六日，内务府将他他拉氏姐妹二人的妆奁（嫁妆）送到长叙家。正月二十四日，两人的妆奁又被抬回宫中，由永和宫和景仁宫的首领保管。

光绪十五年（1889年）正月二十七日是光绪帝大婚的日子。正月二十六日在皇后家举行皇后册立礼，二十七日迎娶皇后进宫举行合卺礼。因为他他拉氏姐妹二人的位号是“嫔”，因此在皇后入宫之前的正月二十五日丑正一刻，二人就被总管内务府大臣巴克坦布率领总管太监、首领太监等人，在彩仗和豹尾枪班的护卫下进入皇宫，分别住在永和宫和景仁宫。光绪帝大婚的夜晚，姐妹两人则是独守空房。

光绪十五年（1889年）二月二十八日，为他他拉氏姐妹二人举行册封礼。自此，姐妹二人才有了证明自己身份的镀金银册，以及一份属于自己的彩仗。

站在法律的角度来说，从这以后，珍嫔姐妹二人算是紫禁城的真正后宫主位。但现实情况却是，她们只是“小主”，受制于“大主”。

二、死亡之谜

《国闻备乘》记载：“惟珍妃生性乖巧、讨人欢喜，工翰墨，善棋，日侍皇帝左右，与帝共食饮乐，德宗尤宠爱之。”然而，正因如此，她进入皇宫却是人生的悲剧。

珍嫔姐妹二人的噩梦是源于妹妹得宠于光绪帝。作为妹妹的珍嫔，进入皇宫后，身体欠佳，经常生病，但很乐观，性格与姐姐瑾嫔也大不一样。瑾嫔性格内向，不善言谈；而珍嫔性格开朗活泼，爱好较多，不拘礼节。长期受到慈禧压抑的光绪帝，身边缺少的正是这样性格的人，尤其是异性带来的这般新鲜快乐。所以光绪帝很快就喜欢上了珍嫔，与其说把她当成伴侣、朋友，不如说当成自己的影子、生命，他们在一起是开心的，也是快乐的。

德龄像

服侍过慈禧的女官德龄在《瀛台泣血记》中记载，光绪帝几乎每天都召幸珍嫔，每隔三四天还到珍嫔的景仁宫去一次。聪明的珍嫔了解光绪帝处境的艰难、内心的苦楚，对他非常理解和同情。珍嫔是一位天真烂漫、多情善良的少女，千方百计地体贴关爱光绪帝，竭尽一切使自己的夫君感到温馨和快乐。珍嫔"貌既端庄，性尤机警"，又由于出生在文化官宦家庭，受家庭的熏陶，自幼就"颇通文史"，多才多艺，琴棋书画无所不能。更为可贵的是，她"写得一手好字，能左右同时写字，也能作画"。

这令光绪帝的皇后，即慈禧的侄女，无法满足生理的需求和内心的虚荣，在两个人的世界里独守空房体味到了冷落的滋味，在皇宫的尊荣世界里感到权威受到了无声的挑战。面对这种尴尬和恼恨，皇后只能借助慈禧的力量求得平衡和保护，于是珍嫔的种种不法行为就传到了慈禧的耳朵里：嫔乘坐的轿子为四人抬，光绪帝赏给珍嫔八人抬大轿；珍嫔喜欢女扮男装穿男子衣服，甚至有时候穿光绪帝的龙袍；喜欢玩奇巧之物——相机，私下开设照相馆；暗中支持光绪帝变法，还私下卖官。听到这些消息，慈禧虽然恼怒，但老练的她并未立刻发作，而是隐忍不发，一发致命，借此警告光绪帝日常生活和执政时收敛一些。具体方法就是，先是恩赏珍嫔，后是打击。

光緒二十年十一月初一日奉
皇太后懿旨皇后有統轄
六宮之責俟後妃
嬪等如有不遵家
法在皇帝前干預
國政顛倒是非者
皇后嚴加訪查據
實陳奏從重懲辦
決不寬貸欽此

光绪二十年（1894 年）十一月初一日，慈禧强调“皇后有统辖六宫之责”的禁牌

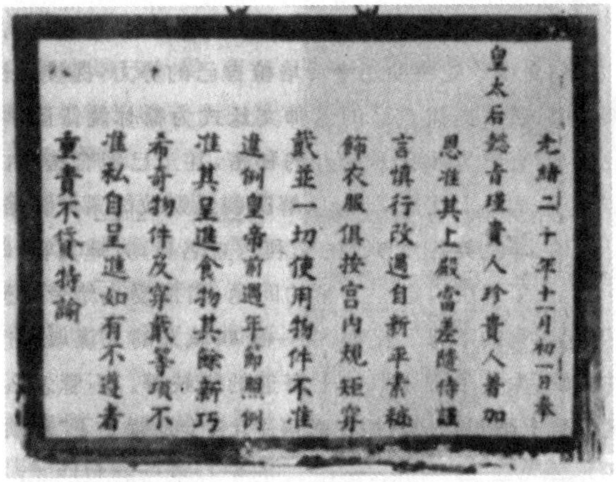
光緒二十年十一月初一日奉
皇太后懿旨瑾貴人珍貴人著加
恩准其上殿當差隨侍謹
言慎行改過自新平素妝
飾衣服俱按宮内規矩穿
戴並一切使用物件不准
逾例皇帝前遇年節照例
准其呈進食物其餘新巧
希奇物件及穿戴等項不
准私自呈進如有不遵者
重責不貸特諭

光绪二十年（1894 年）十一月初一日，慈禧将瑾妃、珍妃降为贵人要求其“改过自新”的禁牌

光绪二十年（1894 年）正月初一日，珍嫔和瑾嫔晋升为珍妃和瑾妃。然而，这姐妹二人的册封礼尚未举行，十月二十九日，慈禧以宫闱干预朝政为由将二人降为贵人。显然，珍妃的姐姐瑾妃“沾了妹妹的光”，也受到了被降的不公平待遇。然而，更令人意想不到的是，在这姐妹二人位号被降之后的十一月初一日，慈禧再次降下两道懿旨。

> 皇后有统辖六宫之责。俟后妃嫔等如有不遵家法，在皇帝前干预国政，颠倒是非，著皇后严加访查，据实陈奏，从重惩办，决不宽贷。钦此。

> 瑾贵人、珍贵人著加恩，准其上殿当差随侍。谨言慎行，改过自新。平素妆饰衣服，俱按宫内规矩穿戴，并一切使用物件不准违例。皇帝前遇年节，照例准其呈进食物，其余新巧希奇物件及穿戴等项，不准私自呈进。如有不遵者，重责不贷。特谕。

第一道懿旨是慈禧给自己的侄女撑腰，强调皇后有管辖后宫的权力，尤其是监督后宫不能干预国政。

第二道懿旨是要求瑾妃、珍妃姐妹二人要“守则”，规规矩矩按宫中规定穿衣行事，即穿戴需符合规矩，不能使用违反规矩的物品，允许过年过节继续给皇帝“呈进食物”，但不能给光绪帝送“新巧希奇物件及穿戴等项”。值得注意的是，在这道懿旨中慈禧并未指出瑾妃、珍妃姐妹二人如何干预国家政事。

慈禧特意将这两道懿旨制成“禁牌”，悬挂宫中，作为“宫中则例”时刻警示瑾妃和珍妃姐妹二人。第一个牌子高 30.5 厘米、宽 40.5 厘米、厚 1.8 厘米，木框，用蓝绫裱边，框内用黄绫裱糊，字为楷书。第二个牌子形制与第一个牌子相同，但是略小一些，高 28.5 厘米、宽 38 厘米、厚 1.8 厘米。两块木牌如今保存在中国第一历史档案馆。

这两道懿旨明显是慈禧在树立皇后权威，打击珍妃，孤立光绪帝。因此，这场婆媳矛盾实则是光绪帝与慈禧之间的矛盾，珍妃只不过是代替光绪帝受过，瑾妃则是受牵连的人。根据清宫太医张仲元脉案“抽搐气闭，牙关紧闭”“人事不省，周身筋脉颤动”“恶寒发烧，周身筋脉疼痛”的记载来分析，十月二十八日这天，珍妃遭到了“褫衣廷杖”。光天化日之下，对于宫女都没有遭遇过的处罚却用在了皇妃身上，珍妃受到的不仅是皮肉之苦，更多的是女人人格尊严的丧失。因此，珍妃的身体、心理遭到了极为严厉的打击。

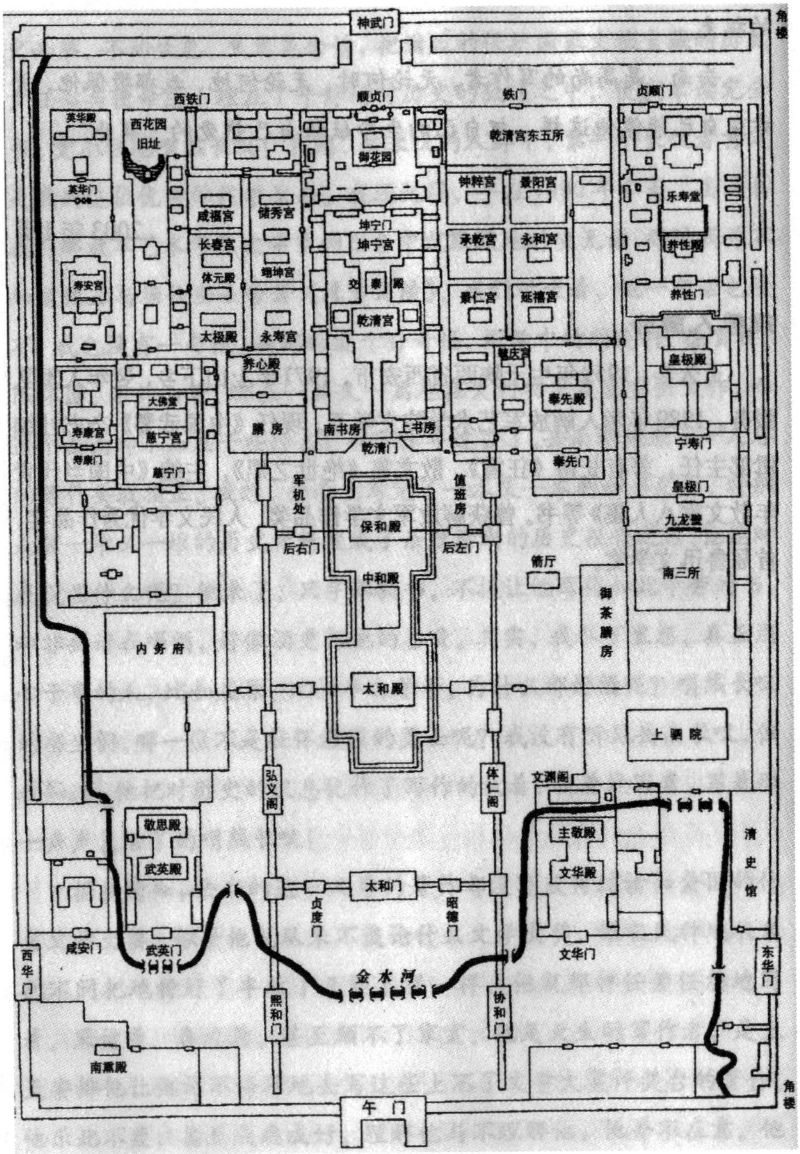

紫禁城平面示意图

自此，珍妃认识到了慈禧的威严，也看清了宫中的形势，的确收敛了很多。慈禧见达到了目的，于光绪二十一年（1895年）十月十五日恢复了姐妹二人的“妃”号和地位，并于十一月十二日为她们举行了册封礼。

珍妃虽然恢复了“妃”号，但这并不等于得到了护身符，因为对于慈禧来说，不降珍妃的位号同样也可以随时打击她，这不受位号的高低影响。光绪二十四年（1898年）八月，光绪帝戊戌变法失败后，珍妃也受到了牵连，光绪帝被囚禁在瀛台，珍妃则被关进了景祺阁后的西小院，一直到死都未能与光绪帝再见上一面。

据说，关押珍妃的这个小院子是明朝奶妈养老留居的地方，清朝则是处罚老妈和宫女的场所。珍妃入住后，屋门从外面倒锁着，吃饭、洗脸等均由下人从窗口端进递出。所吃的为普通下人的饭，平时不准与人说话，每天只许上一次厕所。逢年过节或每月初一日、十五日，看守她的老太监就代表慈禧在午饭时对她进行训斥，列数罪状，珍妃必须跪着听训。训斥结束，珍妃还必须向上叩头谢恩，这无疑又在精神上对珍妃给予沉重的打击。

对于珍妃之死，说法不一，归纳起来有两种，自杀说和被害说。

1. 自杀说。这种说法称，珍妃为了免遭洋人污辱自尽或慈禧借口为了珍妃免遭洋人污辱逼迫其自尽。

据《清列朝后妃传稿》记载：

妃有宠于帝，光绪二十六年各国师入京师，帝西狩，妃仓猝不能从，于宫中殉焉。

这个说法也是清朝官方说法。

据《爱新觉罗·韫欢》一书记载，珍妃面对慈禧的逼迫，在光绪帝的面前自己从容跳井。该书所记述为载沣的说法，但据其他史料佐证，当时载沣并未在现场，包括光绪帝也不在现场。

据《我所知道的慈禧太后》一书记载，珍妃与慈禧吵架后赌气自己跳井。该书作者自称是慈禧的后人，但据笔者所知，经冯其利先生的严谨考证，慈禧并无此后人。

2. 被害说。这种说法称珍妃是被慈禧害死的，推珍妃入井或扔珍妃下井的人是李连英或崔玉贵，其细节各处有所不同。

据1930年出版的《故宫周刊》第30期《珍妃专号》记载，清宫老太监唐冠卿如此回忆：

> 少顷，闻珍妃至，请安毕，并祝老祖宗吉祥。后曰："现在还成话么，义和拳捣乱，洋人进京，怎么办呢？……"继语音渐微，哝哝莫辨，忽闻大声曰："我们娘们儿跳井吧！"妃哭求恩典，且云："未犯重大罪名"。后曰："不管有无罪名，难道留我们遭洋人毒手么？你先下去，我也下去。"妃叩首哀恳。旋闻后呼玉贵。贵谓妃曰："请主儿遵旨吧！"妃曰："汝何亦逼我耶！"贵曰："主儿下去，我还下去呢！"妃怒曰："不配！"予聆至此，已木立神痴，不知所措。忽闻后疾呼曰："把她扔下去吧！"遂有挣扭之声，继而砰然一响，想珍妃已坠井矣。斯时，光绪帝居养心殿，尚未知之也。

慈禧在颐和园仁寿殿前乘舆照，李连英（右）、崔玉贵（左）

民国期间，崔玉贵在与市井之人闲谈中也曾谈到珍妃之死：

那时，八国联军快要打到北京，慈禧等人已经化好装准备出逃，临走时把珍妃叫到跟前。慈禧对她说："鬼子快要来了，你太年轻，留在这里诸多不便，你要明白我的意思，自己想个办法。"珍妃明白慈禧要她自尽，就求慈禧饶她一命，她还转过头来央求李连英救她。慈禧急了，就对崔玉贵说："你还不下手？赶快抱着她扔到井里去！"说到这里，崔玉贵解释说："珍妃怎么也是个主子，我能抱她吗？"于是就上去把珍妃推到井里，下井前珍妃挣扎了一番，最后头冲下，倒栽下去。

清宫太监小德张的过继孙张仲忱在《我的祖父小德张》一文中记载：

这时，老祖宗让把珍妃叫来，让她换好衣服一齐走（此时的珍妃已被囚禁了整整三年）。

不大一会儿，珍妃披散着头发，穿着旗袍跑过来了。

老祖宗大怒说："到这时候了，你还装模作样，洋人进来，你活得了吗？赶紧换衣服走！"珍妃说："皇阿玛，奴才面出天花，身染重病，两腿酸软，实在走不了，让我出宫回娘家避难去吧！"老祖宗仍叫她走，珍妃跪在地上还是不走。

老祖宗回过身来大喊一声，叫崔玉贵把她扔在井里，崔玉贵立即把珍妃挟起来，不几步就是那口井，头朝下就给扔了下去，随即便把井口堵上了。

1913年出版的《清季野史》中收录一篇署名王元生的文章——《述庵秘录》，其中写有珍妃坠井的情节：

慈禧谓珍妃曰："予将挈尔行，拳众如蚁，土匪渐起，尔年尚韶稚，倘遭污，莫如死。"时宫中扰攘，内监总管崔某，遽牵珍妃毡裹推诸井。次年回銮，崔犹充内监总管。慈禧怆然曰："予向言珍妃遭乱莫如死，非必死珍妃，乃一时之言，而崔某遽堕之井，予今见崔某，辄心怦怦动。”

由上文可知，虽然是崔玉贵下手直接害死了珍妃，但崔玉贵充其量是一个奴才、一个打手，其主使者还是慈禧。在慈禧的命令下，作为打手兼奴才的崔玉贵只能无条件执行，否则不仅饭碗保不住，脑袋都有可能丢掉。

1917 年出版的《清稗类钞》第一册中有一节为《孝钦后逼死珍妃》，称“立传旨赐自尽或云投入井”皆是慈禧的主意。

溥仪在《我的前半生》中认为，慈禧为了维护自己的统治，将她感到对自己有一丝威胁的人都会“仔细加以考虑和果断加以处理，她在庚子逃亡之前，还不忘叫人把珍妃推到井里淹死，又何尝不是怕留下后患而下的毒手”。

总结众多史料对珍妃事迹的记载，可以初步判断珍妃的性格是坚韧不屈的，她对生命十分珍惜，对爱情十分执着，只要有一丝希望，即光绪帝不死，她就不会轻易自杀，因此她的死只能是被害。

除了死亡之谜外，珍妃的死亡日期也众说纷纭，主要有两个日子，一个是光绪二十六年（1900 年）七月二十日，另一个是光绪二十六年（1900 年）七月二十一日。

《宫女谈往录》中记载珍妃死于七月二十日：

“逃跑是在光绪二十六年，即庚子年七月二十一日（1900 年 8 月 15 日）的早晨。”老宫女一边回忆，一边慢慢地说，“虽然这事已经过了 40 多年，大致我还能记得。我记得头一天，那是七月二十日的下午，睡醒午觉的时候。我相信记得很清楚。老太后在屋子里睡午觉，宫里静悄悄的，像往常一样，没有任何出逃的迹象。这天正巧是我当差。

……

其实，就在这一天，这个时候，这个地点，老太后赐死了珍妃，她让人把珍妃推到颐和轩后边井里去了。我们当时并不知道，晚上便有人偷偷地传说。后来虽然知道了，我们更不敢多说一句话。”

据清宫老太监唐冠卿回忆，珍妃死于“联军入京”的那天。据查，八国联军进入北京的那天是光绪二十六年（1900 年）七月二十日。

《清季野史》中收录的《庚子国变记》记载珍妃是死于“七月二十一日”。

一个人不可能死两次，慈禧出逃的日子是准确的，那么，这两个日子究竟哪个对呢？

首先，慈禧对珍妃的恨恶已不是一两天的事情，否则作为有地位的长辈的她就不会对珍妃大打出手，更不会囚禁光绪帝的同时将珍妃也关押起来，这就说明，慈禧对珍妃是不喜欢甚至厌恶。

其次，慈禧出逃日期是七月二十一日凌晨，作为一个政治老手，慈禧为人做事十分小心缜密，对于她这样性格的人，应该在二十一日前就已做好打算，因为她是趁着黑夜狼狈逃跑的。

再次，决定慈禧逃跑的关键原因是八国联军已经攻入北京，再不逃跑就来不及了，因此她绝不会在二十一日逃跑的当天才决定害死珍妃，害死珍妃的时间应该就是七月二十日。

珍妃的出名与慈禧有着不可分割的关系。珍妃貌美端庄，受宠于光绪帝，性格又叛逆，因此受到了孝定景皇后和慈禧的打击和迫害。人们出于同情弱者、憎恨慈禧的主观原因，忽略了珍妃不光彩的那面——卖官等，只提她得宠和支持光绪帝变法，树立和宣传她与光绪帝的爱情和参政的正能量。看待一个历史人物，应该看全面而不能出于个人感情看片面，这才是正确的历史观。

珍妃是一个接受西方思想的女性，她生性耿直，不会讨好权贵；她不遵守宫廷中的清规戒律，敢于和宫廷封建礼教相抗衡，有时与慈禧的意见产生分歧竟敢当面顶撞；她拥有过人的胆识和意志，算得上是一位思想前卫的女子；她的坚强意志和顽强斗争，最终为她挽回了名誉，只不过代价有些大——被慈禧害死。

三、死后哀荣

俗话说“解铃还须系铃人”，这句话用于为珍妃平反似乎有点不恰当，但事实的确如此。慈禧等人逃离北京后，一路上的饥寒交迫与人情冷暖，或许让她有些良心发现，隐隐感觉自己那样粗暴残忍地对待珍妃有些过分，内心中有些愧疚，也有一些不安。当光绪二十七年（1901 年）春与八国联军议和后，慈禧派人回到北京打探消息，查看宫中情况，得知皇宫基本平安，于是就令内务府备办棺椁，打捞珍妃尸体。

打捞的具体日期不详，据说打捞珍妃尸体十分不易。当时珍妃是头朝下被抛下井的，井口又小，尸体上还压了几块大石头，很难打捞。慈禧就令珍妃的家人打捞，捞不上来就治罪。珍妃的家人只得烧香祈祷珍妃的在天之灵保护全家平安，然后找来石匠打捞尸体，最终将珍妃尸体打捞上来。珍妃的尸体在井水中泡了半年多，已惨不忍睹，身上的衣服已严重腐烂，脚上的鞋也只剩下一只，一条腿还弯曲着。为了能将其放进棺椁，家人含泪捋直弯腿，装殓入棺，于光绪二十七年（1901 年）七月初四日安葬在恩济庄。

珍妃井

按理说，珍妃死后应该葬在光绪帝的妃园寝内，但是当时光绪帝并未建陵，而且珍妃是获罪而死的。虽然她的尸体是奉慈禧的命令打捞出来的，但其身份还是有罪之人，因此她不能按照正常妃嫔那样停灵清朝后妃殡宫（即清朝晚期的田村）。既不能停灵田村殡宫，也不能不安葬，于是只能将其葬入太监、宫女的墓地——恩济庄，等待慈禧回宫后的最后处理。

果然，慈禧在回京的第二天，即光绪二十七年（1901 年）十一月二十九日，恢复了珍妃的名誉并追封其为贵妃。对此，《德宗景皇帝实录》上是这样记载的：

上年京师之变，仓促之中，珍妃扈从不及，即于宫内殉难，洵属节烈可嘉，加恩著追赠贵妃位号，以示褒恤。

虽然珍妃的名誉恢复了，地位也比以前更尊贵了，但棺椁还是葬在恩济庄。其墓地改迁西陵的日期是 1913 年 4 月 9 日，当时用火车拉的棺椁。对此，《新整内务府档》中有详细记载：

银库为报堂事，三月初三日辰刻，珍贵妃金棺自恩济庄奉移正阳门车站，由火车至西陵梁格庄行宫厝安。本库承当银五供一分，计七件：

闷灯一件三式一分、执壶一把、杯盘一分、折盂一件、镀金银执壶一把、杯盘一分、折盂一件，并羊角灯皮二个。

派出库使二员、头目一名、匠役五名，应用火车票八张。由恩济庄至正阳门车站，乘坐小车四辆、载什物需用大车二辆，为此报堂。

二月二十五日　库使　铭桂

衣库恭备珍贵妃金棺由恩济庄奉移梁格庄厝安。应安设座套、金棺套、八字墙、板凳套、木兰垫、安茶桌、酒桌、饽饽桌、膳桌套。本库派出达他二员、库使二名，拜唐阿二名、领催二名、匠役十七名，共二十五员名。于初二日前往备差，初四日回京，计三日。所需津贴、饭食共用实银四百两，伏乞堂台恩准，以便向银库领取可也，为此具呈。

珍妃葬入崇陵妃园寝与光绪帝、后葬入崇陵是同一天，即1913年12月13日。

慈禧回銮返京情形

梁格庄行宫旧影

1913年12月10日，珍妃的姐姐瑾妃（当时已被宣统帝尊封为“端康皇贵妃”）乘坐官轿赶到西火车站，乘坐火车到梁格庄车站，再坐轿到梁格庄行宫，穿青长袍褂步行到正殿给光绪帝、后梓宫奠酒，然后到珍妃金棺前奠酒。十四日，瑾妃到泰陵、昌陵、慕陵奠酒后，再次到珍妃金棺前奠酒。十五日，瑾妃在珍妃金棺未起行前到妃园寝前奠酒。

对于珍妃金棺奉安的情形，《新整内务府档》中是这样记载的：

> 奉安日安设八十人大杠于宫门外，上罩金黄蟒缎帏，石青妆缎檐行罩，随三十二人夹杠，所有舁夫给与驾衣，四角备余夫四名。搭彩头目敲击响尺，金棺升夹杠。专奉内管领奠酒三爵，焚化纸钱。内务府官员随行照料指示换拨。内务府护军统领一员，率领护军参领、护军导，轮替执豹尾枪随行。锁国门、桥，内管领奠酒、焚纸。金棺经由道路、桥梁应由陵寝内务府查勘办理。金棺至园寝门外，升夹杠。内管领奠酒、焚化纸钱。所有送往人员、守护陵寝官员人等，俱行齐集。金棺至陵寝，解去包裹绢棉束布，惟留棺套。至奉安时，请至宝券，解去棺套，进至券内永远奉安宝床上。内务府卿奠酒三爵，众随行礼，焚化纸钱。带往现用之坫案、供桌、木兰茶桌、酒桌应留各件，俱交陵寝大臣照料办理。祭祀所用银器，由园寝办事官照料开写应需数目，交广储司制造，送往备用。其恭制神牌、祭器等项，应由内务府查勘办理。

通过以上记载，我们获知了一些以往不知道的信息：珍妃金棺奉安前，棺套已经去除；园寝所需要的各种桌案是奉安时留下的；祭祀所需的银祭器是后来制造再送到园寝的。

珍妃的神牌是1913年11月15日开工制造。由于珍妃金棺奉安时，崇陵妃园寝尚未建好，享殿没有完工，珍妃的神牌暂时供奉在崇陵西配殿，1914年11月4日移至崇陵妃园寝享殿供奉。

崇陵妃园寝享殿中暖阁神龛

瑾妃为怀念妹妹而设的怀远堂

怀远堂内景

珍妃的神牌除了在崇陵妃园寝享殿供奉外，在皇宫中也有一处供奉。原来，隆裕皇太后去世之后，珍妃的姐姐瑾妃被尊为“端康皇贵妃”，在宫中地位是最高的，因此她做事就不再有所顾忌。为了缅怀自己的亲妹妹珍妃，她在贞顺门内珍妃遇害的那口井附近的三间小房子里设了一个小灵堂，门上方匾额题名“怀远堂”。屋内设长条桌一张，桌上设有一个小神龛，神龛内供奉珍妃的神牌，在神龛上面横额处写有“精卫通诚”四个楷书大字，并钤盖“端康皇贵妃御笔之宝”，神位前的供桌上摆放着供品和香炉、烛台。

第七章

妃园寝的尴尬

生前的珍妃出名，死后的珍妃又因一场盗案再次名声大振。因为盗墓者将所盗的瑾妃墓误认为是珍妃墓，后经过历史研究者研究发现，被盗的并非是珍妃墓。

一、“夜盗珍妃墓”见闻

按理说，人死就应该“事息”，除了享受人间的香火祭祀外，不再与世间有任何瓜葛了。尤其是生前备受委屈和冤枉的珍妃，也该好好享受一下阴间世界的平静和安宁。然而，“树欲静而风不止”，在珍妃葬入崇陵妃园寝 25 年之后的 1938 年 11 月的某一天，崇陵妃园寝的一座地宫被盗了，珍妃那已经平静的生活再次受到了干扰。据盗墓者说，他们盗挖的是珍妃墓，事情的经过大致是这样的。

住在西陵附近村中的鄂士臣和关友仁以买几支枪的名义联合了一个八人的盗墓团伙，经过分析后决定盗挖比较偏僻的崇陵妃园寝。在威胁守陵老人后，利用两天的晚上，用炸药打开了崇陵妃园寝的一座地宫的券顶，钻进了地宫。

在地宫里，盗墓者见到“这座地宫有十多米长，八九米宽，南面是石门，用长条石顶着，北面是宝床，宝床上安放着棺椁，珍妃就长眠在里面”。李纪光顾不得环视四周，一步蹿到宝床上，拔出利斧就砍，木板的碎裂声在空荡的地宫里发出瘆人的回音，没几下就把棺椁砍开个洞，又用手锯将此洞锯成能够钻进人的圆窟窿。这才伸手取过油灯，往棺椁里一照，吓得“啊”的一声，险些将手中的油灯惊落在地。

棺椁里的遗体并未腐烂成一堆枯骨，只见她头戴朝冠，身穿朝服，手里拿着玉石，腰间挂着锦囊，身边放着如意，脸上皮肉尚存，五官依稀可辨，尤其是那双半闭微睁的眼睛，按照迷信的说法是“死不瞑目”。

盗案发生后，八人中先后有两个人被抓住，或砍了脑袋或枪毙，其他人都流亡在外。其中，关友仁直到 1949 年后的六十年代中期才敢返回家乡，做了一名护林员，并将盗掘崇陵妃园寝地宫的全部过程讲述了出来。

“假作真时真亦假”，事实真相尚未清楚之际，文艺工作者们陆续登场。河北省政协文史资料委员会于 1986 年在河北人民出版社出版了一本名为《夜盗珍妃墓》的书，这本书在社会上引起了轰动。1989 年又有一部《夜盗珍妃墓》的电影横空问世，更是将珍妃及其陵墓再次推入历史的浪潮中，使得珍妃墓被盗成了不可争议的“事实”。

然而，历史研究者对此提出了不同的看法，认为 1938 年崇陵妃园寝被盗的是瑾妃墓而不是珍妃墓。

那么，珍妃真的是生前受气受罪、死后也遭到被盗劈棺了吗？

二、纠正谣言

因为经过了修缮，目前崇陵妃园寝的两座宝顶已经无法看到昔日被盗的痕迹。通过对一些书籍和档案的分析和判断，可以确定被盗的是瑾妃墓，而不是珍妃墓，其理由如下。

1. 据《夜盗珍妃墓》一文记载，盗墓者挖掘的地宫是石券，而上文已经说过，珍妃墓是砖券，瑾妃墓才是石券。由此可见，盗墓者挖掘的是瑾妃墓。

2. 据《夜盗珍妃墓》一文记载，盗墓者打开棺椁见到的尸体“头戴朝冠，身穿朝服，手拿玉石，腰挂锦囊，身边放着如意”。珍妃死后第二年才被打捞出井，然后被葬在恩济庄，因当时是戴罪之身，不可能戴朝冠、穿朝服。后来改葬崇陵妃园寝时并未改换棺椁，尸体也并未重殓。因此遗体有这样的打扮，只能是瑾妃。

3. 据《夜盗珍妃墓》一文记载，盗墓者见到的尸体“并未腐烂成一堆枯骨”“脸上的皮肉尚存，五官依稀可辨，尤其是那双半闭微睁的眼睛”。珍妃被害死后，其尸体在井水中泡了半年多，使用的也是普通棺椁。从死亡时的 1900 年到 1938 年，经过 38 年的跨度，珍妃的遗体早就已经腐烂成骨，根本不可能五官尚可分辨。而瑾妃病死后 1924 年 10 月入葬到 1938 年 11 月，时间跨度仅有 14 年，尸体没有被水泡过，应该是可以分辨五官的。这说明，盗墓者见到的尸体只能是瑾妃而非珍妃。

4. 据《溥仪档》记载，1913 年 11 月 30 日钦奉谕旨：

> 珍贵妃金棺现在梁格庄行宫暂安，拟于十一月十六日申时，恭请珍贵妃金棺奉安寝园，珍贵妃金棺奉安位次，在园寝西宝圈。

这里明确记载珍妃墓位于西面宝顶，而据当地老人所讲被盗的是东面的地宫，这就说明被盗的是瑾妃墓而不是珍妃墓。

综上所述，1938 年被盗的崇陵妃园寝地宫只能是瑾妃墓，而那轰动一时的《夜盗珍妃墓》是一场人为的炒作，是历史对珍妃开的一个玩笑。平心而论，1938 年的盗案应该称为“夜盗瑾妃墓”，只不过由于瑾妃在历史上不如珍妃有名，故事也没那么多，其炒作的空间就很小了。

附 录

附录 1　光绪帝遗诏

朕自冲龄践阼，寅绍丕基，荷蒙皇太后帱育仁慈，恩勤教诲，垂帘听政，宵旰忧劳。嗣奉懿旨，命朕亲裁大政。钦承列圣家法，一以敬天法祖，勤政爱民为本，三十四年中，仰禀慈训，日理万几，勤求上理，念时事之艰难，折衷中外之治法，辑和民教，广设学堂，整顿军政，振兴工商，修订法律，豫备立宪，期与薄海臣庶，共享昇平。各直省遇有水旱偏灾，凡疆臣请赈请蠲，无不恩施立沛。本年顺直东三省、湖南、湖北、广东、福建等语，先后被灾，每念吾民满目疮痍，难安寝馈。朕躬气血素弱，自去年秋闲不豫，医治至今，而胸满胃逆、腰痛骽软、气壅咳喘诸证，环生叠起，日以增剧，阴阳俱亏，以致弥留不起，岂非天乎！顾念神器至重，亟宜传付得人，兹钦奉慈禧端佑康颐昭豫庄诚寿恭钦献崇熙皇太后懿旨，摄政王载沣之子入承大统为嗣皇帝。在嗣皇帝仁孝聪明，必能仰慰慈怀，钦承付托，忧勤惕厉，永固邦基。尔京外文武臣工，其精白乃心，破除积习，恪遵前次谕旨，各按逐年筹备事宜，切实办理。庶几九年以后，颁布立宪，克终朕未竟之志，在天之灵，藉稍慰焉。丧服仍依旧制二十七日而除。布告天下，咸使闻知。

——摘自《宣统政纪》

附录2　光绪帝后妃表

顺序	封号	姓氏	民族	谥号	出生日期	入宫时间	册封时间	死亡日期	享年	子女	葬地	入葬日期	备考
1	孝定景皇后	叶赫那拉氏	满洲镶黄旗	孝定隆裕宽惠慎哲协天保圣景皇后	同治七年（1868）正月初十日	光绪十五年（1889）正月二十七日	光绪十五年（1889）正月二十六日	1913年2月22日	46		河北易县清西陵崇陵	1913年12月13日	光绪三十四年（1908）十月尊为皇太后，十一月拟定徽号隆裕皇太后，宣统元年（1909）十一月举行尊上徽号典礼，宣统三年十二月二十五日（1912年2月12日）率同皇帝下诏退位
2	温靖皇贵妃	他他拉氏	满洲镶红旗	温靖皇贵妃	同治十三年（1874）八月十五日	光绪十四年（1888）九月二十四日	1925年11月8日	1924年10月20日	51		河北易县清西陵崇陵妃园寝	1925年12月14日	即瑾妃
3	恪顺皇贵妃	他他拉氏	满洲镶红旗	恪顺皇贵妃	光绪二年（1876）二月初三日	光绪十五年（1889）正月二十五日	1921年4月24日	光绪二十六年（1900）七月二十日	25		河北易县清西陵崇陵妃园寝	1913年12月13日	即珍妃

（制表：徐鑫）

参考书目

［1］ 清实录［M］. 北京：中华书局，1985.

［2］ 唐邦治 . 清皇室四谱［M］. 上海：聚珍仿宋印书局，2008.

［3］ 赵尔巽 . 清史稿［M］. 北京：中华书局，1977.

［4］ 恽毓鼎 . 崇陵传信录［M］. 北京：中华书局，2007.

［5］ 陈义杰 . 翁同龢日记［M］. 北京：中华书局，1993.

［6］ 崇陵妃园寝工程做法册［M］. 北京：中国第一历史档案馆 .

［7］ 惠陵、崇陵妃园寝改建石券地平立样 . 北京：中国第一历史档案馆 .

［8］ 惠陵、崇陵妃园寝改建石券全图立样 . 北京：中国第一历史档案馆 .

［9］ 溥仪档 .311/319/367/2150 包 . 北京：中国第一历史档案馆 .

［10］宫中杂件 .671/1252 号 . 北京：中国第一历史档案馆 .

［11］新整内务府档 .39 包 . 北京：中国第一历史档案馆 .

［12］吴相湘 . 晚清宫廷实纪［M］. 北京：中国大百科全书出版社，2010.

［13］信修明 . 太监谈往录［M］. 北京：紫禁城出版社，2010.

［14］陈可冀 . 清宫医案集成［M］. 北京：科学出版社，2009.

［15］余炳坤 . 西太后［M］. 北京：紫禁城出版社，1985.

［16］徐广源 . 清西陵史话［M］. 济南：齐鲁书社，2010.

［17］陈宝蓉 . 清西陵纵横［M］. 石家庄：河北人民出版社，1987.

［18］阎崇年 . 清朝皇帝列传［M］. 北京：紫金城出版社，2007.

［19］徐广源 . 大清皇陵秘史［M］. 北京：学苑出版社，2015.

［20］喻大华 . 囚徒天子光绪皇帝［M］. 北京：商务印书馆，2011.

［21］向斯 . 清代皇帝读书生活［M］. 北京：中国书店，2008.

［22］徐鑫 . 揭秘光绪陵 : 崇陵地下宫殿清理之谜［M］. 北京：中国

书店，2010.
［23］徐广源．清朝二十六后妃［M］．北京：新世界出版社，2016.
［24］徐鑫．雾开慈禧陵［M］．北京：金城出版社，2008.
［25］于善浦．光绪皇帝的珍妃［M］．北京：紫禁城出版社，2005.
［26］金易，沈义羚．宫女谈往录［M］．北京：紫禁城出版社，2010.
［27］耿左车，邢宏伟，那凤英．清西陵档案解密［M］．北京：中国工人出版社，2015.
［28］陈宝蓉．夜盗珍妃墓［M］．石家庄：河北人民出版社，1986.
［29］珍妃专号［J］．故宫周刊，1930（30）.
［30］钟里满．国家清史纂修工程重大学术问题研究专项课题成果：清光绪帝死因研究工作报告［R］．清史研究，2008（4）.
［31］崇陵地宫清理报告［R］．清西陵文物管理处，1980.
［32］王其亨．清代陵寝地宫金井考［J］．文物，1986（7）：67-76.
［33］凌铃．光绪尸骨历史隐秘：崇陵曾被盗掘盗走数百文物［N］．北京晚报，2008-12-02.

后　记

2016 年的 10 月，在我写完了咸丰帝定陵的书稿后，就开始思考光绪帝崇陵的稿子。在动笔之前，我一直犹豫，一来这个稿子不好写，没那么多内容可写；二来写这个稿子会感到心痛，因为文稿中的人物命运坎坷、结局悲惨，在写作过程中往往会将自己与之对比，悲观抑郁的情绪弥漫于心。

苦难悲剧的光绪帝生活在那个时代，与珍妃的爱情令人同情，更令人悲伤；心怀雄心壮志却改革失败，身陷囹圄，最后悲惨死去；死后陵寝被盗，宝藏被掠，尸身受辱。而今天的我，身患罕见重病，在弟弟照顾下一个人生活和工作，与病痛做斗争，同样备感无助，心力交瘁。

这本书是清帝陵系列的最后一本，是文字内容最少的一本，但也是最难写的一本。对我而言，最大的快乐就是看着自己付出了很多心血和汗水的光绪帝崇陵完稿。望着眼前这本薄薄的文稿，甜中有苦，苦中有乐，高兴之余也颇为感慨，因此想介绍一些写作原因和背景。

关于崇陵及其妃园寝，之前写过一本《揭秘光绪陵：崇陵地宫清理之谜》，当时是以崇陵的历史渊源、光绪帝与后妃的关系和崇陵地宫清理为主要内容和线索的。这次重写光绪帝崇陵，不仅要在内容上与之前那本有所区别，还要在结构上更严谨，细节上更完备，所以写作难度倍增。

崇陵及其妃园寝可写的内容实在太少。崇陵及其妃园寝是仿照惠陵及其妃园寝规制所建，就建筑布局和规制而言，崇陵与惠陵很难分辨；崇陵妃园寝与惠陵妃园寝倒是容易分辨，因为两座园寝马槽沟上的拱桥和平桥位置明显不同，园寝后院的宝顶数量和位置也不同。正因如此，有些内容就没有必要在不同的书中都介绍一遍。

崇陵隆恩殿的陈设和供奉祭器没有发现记载，尤其是东暖阁的佛楼和西暖阁的陈设和供奉。需要注意的是，清东陵佛楼自裕陵起不再设楼梯，那么崇陵佛楼当初是否设有楼梯呢？

崇陵妃园寝享殿的陈设和供奉祭器也没有发现记载。隆恩殿三间暖阁，只有中间暖阁设有神龛，那么其他两间暖阁又是如何陈设和供奉的呢？

与清东陵相比，清西陵在建筑保存得更完好，但却并没有发现清东陵的诸如《昌瑞山万年统志》《陵寝易知》之类的官方档案记载，导致其史料上就不如清东陵丰富。

值得肯定的是，崇陵地宫的清理工作做得比清东陵要好，不仅有文字、图片，还有摄像。但由于不对外公开，即使是历史研究者也无法获知，无法参与其中，无法更加深入地研究，这在研究领域也是一个不小的遗憾。

能够完成本书，我要真诚感谢那些帮助和支持我的专家、学者，或提供资料和图片，或解疑辨字，或鼓励支持，如我的父亲徐广源先生、清西陵的邢宏伟老师、北京的岳南先生、张元哲先生、贾嘉先生、唐山的李宏杰先生、天津的李昊先生、四川眉山的代奎老师等，以及来自全国各地的清陵爱好者和热心的读者，真心希望你们能对本书提出宝贵的意见。

一粒小尘土　徐鑫

2017 年 4 月于思正书屋

图书在版编目（CIP）数据

守墓笔记. 光绪帝陵卷 / 徐鑫著. —北京：中国国际广播出版社，2018.1（2019.1重印）
ISBN 978-7-5078-4161-9

Ⅰ. ① 守… Ⅱ. ① 徐… Ⅲ. ① 光绪帝（1871-1908）—陵墓—研究 Ⅳ. ① K928.76

中国版本图书馆CIP数据核字（2017）第309630号

守墓笔记：光绪帝陵卷

著　　者	徐　鑫
责任编辑	刘　晗　祝　晔
版式设计	国广设计室
责任校对	徐秀英
出版发行	中国国际广播出版社［010-83139469　010-83139489（传真）］
社　　址	北京市西城区天宁寺前街2号北院A座一层 邮编：100055
网　　址	www.chirp.com.cn
经　　销	新华书店
印　　刷	天津市新科印刷有限公司
开　　本	710×1000　1/16
字　　数	210千字
印　　张	14.5
版　　次	2018 年 3 月 北京第一版
印　　次	2019 年 1 月 第二次印刷
定　　价	40.00 元

CRI 中国国际广播出版社　欢迎关注本社新浪官方微博　官方网站 www.chirp.cn

K827=5

中国版本图书馆CIP数据核字